# DIE SINNE

Franz und Renate Steiner

# DIE SINNE

## Spielen – Gestalten – Freude entfalten

## Förderung der Wahrnehmungsfähigkeit bei Kindern

Ein Arbeitsbuch für
KINDERGARTEN, SCHULE und ELTERN

# VER<I>TAS

www.veritas.at

*Das Buch ist empfohlen vom Bundesministerium für
Unterricht und kulturelle Angelegenheiten.*

**Bibliografische Information Der Deutschen Bibliothek**
Die Deutsche Bibliothek verzeichnet diese Publikation in der Deutschen Nationalbibliografie;
detaillierte bibliografische Daten sind im Internet über http://dnb.ddb.de abrufbar.


© VERITAS-VERLAG, Linz
Alle Rechte vorbehalten, insbesondere das Recht der Verbreitung (auch durch Film,
Fernsehen, Internet, fotomechanische Wiedergabe, Bild-, Ton- und Datenträger jeder Art)
oder der auszugsweise Nachdruck
7. Auflage (2003)
Gedruckt in Österreich auf umweltfreundlich hergestelltem Papier
Umschlaggestaltung/Idee: Franz und Renate Steiner, Henndorf
Layout, grafische Gestaltung und Illustrationen: Otto Kolano, Leonding
Lektorat: Mag. Ingrid Fischer-Schreiber
Fotos: Franz Steiner
Fotos „Fötus im Mutterleib": © The Image Bank, St. Allen
Zeichnungen am Kapitelbeginn: Ulrike Unterlaß, Altenmarkt im Pongau
Notensatz: Type right, Graz
Satz/Litho/Reinfilm: Art & Publishing, Linz
Druck, Bindung: LANDESVERLAG Druckservice Linz

ISBN 3-7058-0084-1

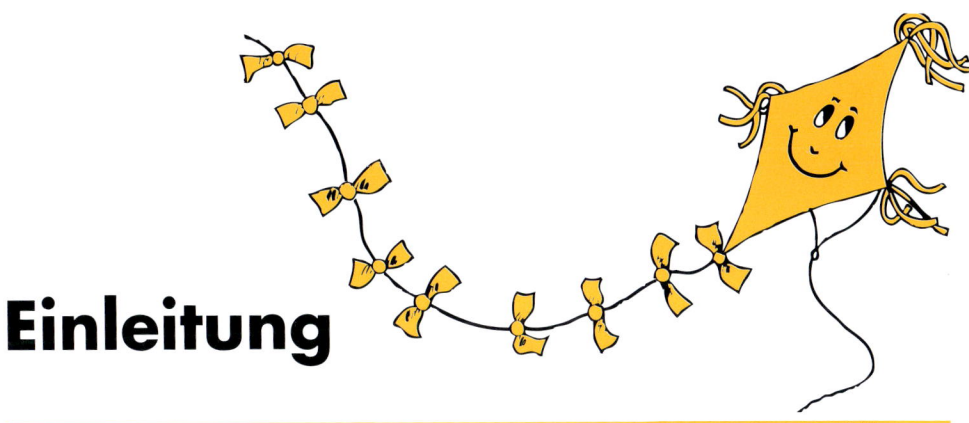

# Einleitung

## HALLO
### ... wir sind die **Maria Victoria** und die **Stefanie!**

Wir freuen uns, daß wir in dem Buch von Renate und Franz dabeisein dürfen. Das Fotografieren machte uns riesigen Spaß. Franz fuhr deshalb extra zu uns in den Kindergarten nach Irrsdorf bei Salzburg. Er meinte, wir sehen aus wie richtige Fotomodelle! Ist das nicht lustig?

Dann tobten wir mit ihm und seiner Riesenkamera rund um den Kindergarten herum. Renate ist dort unsere Kindergartenleiterin.

Vielleicht lesen wir dieses Buch irgendwann einmal unseren eigenen Kindern vor! Wie lange das wohl noch dauern wird – was meint ihr?

Viel Spaß wünschen euch
**Maria Victoria** und **Stefanie**

# Inhalt

## HÖREN

## SEHEN

## RIECHEN

# SCHMECKEN

# TASTEN

# BEWEGEN

# Die Autoren über das Buch

Das vorliegende Buch „Die Sinne" soll in die phantastische Welt der Sinnes-erfahrungen führen. Spielerisch wird auf die sechs Sinne Hören – Sehen – Riechen – Schmecken – Tasten – Gleichgewicht eingegangen.

Die Sinne erleben heißt mitmachen, ausprobieren, betrachten, verweilen, ver-tiefen. Die Welt öffnet sich uns, und wir öffnen uns der Welt, indem wir die Sinne entfalten.

Das Buch soll aber vor allem ein vergnügliches Buch sein. Denn gerade im Vergnügen, im Spiel, in der Freude, können wir uns ganz öffnen, um mit allen unseren Sinnen die Welt zu erfahren. Gibt es eine bessere Möglichkeit, die Wahrnehmungsfähigkeit zu steigern als im Spiel?

Ziel ist daher, mit verschiedensten Spielen, Tänzen, Liedern, Gedichten, Ideen usw. ein Zusammenspiel aller Sinne anzuregen, wodurch ein Ineinandergreifen der einzelnen Kapitel gefordert ist. Deshalb sprechen wir bewußt am Anfang jedes Kapitels die Leser mit einem Foto an, das im Zusammenhang mit dem nachfolgenden Gedicht zu einer differenzierten Sichtweise anregen soll. Dies soll weiterführend auch in den phantastischen Geschichten zum Ausdruck kommen.

Mit einer Fülle an ausgewähltem Material werden darüberhinaus die Zusam-menhänge über die Entstehung der Sinne vom Embryo bis zum Schulkind auf-gezeigt.

Das Buch bietet für all jene, die mit Kindern kreativ arbeiten wollen, die Mög-lichkeit gezielter Förderung der Wahrnehmungsfähigkeit bei Kindern.

Wir wünschen den Lesern und Kindern eine sinnliche wie auch beschwingte Reise in die Welt der bewußteren Wahrnehmung von Körper und Geist.

Franz und Renate Steiner

# HÖREN

Höre ich Stimmen
draußen oder drinnen
oben oder unten
wie die bunten
Schmetterlinge
ohne zu lauschen
auf einer Blume?

# Der erwartungsvolle Schmetterling

Ein Schmetterling, bunt und leicht wie Seidenpapier, flog an einem lauen Sommerabend zu seiner Lieblingswiese.

„Tradi-rada-wubi-dada", sang er vergnügt und suchte sich flügelschlagend ein Plätzchen zum Landen.

Erwartungsvoll spitzte er die Ohren, denn heute wollte er sich keinen Ton des allabendlichen Konzertes seiner Freunde entgehen lassen, weder die höchsten noch die tiefsten Töne. Dafür hatte er extra seine Ohren geputzt. Er wollte alles hören, sogar das allerfeinste Singen der Gräser am Boden, den Chor der kleinen Mücken, und, wenn möglich, auch gleich noch den Schlußapplaus der stummen Fische im Tümpel! Das alles würde ein Klangerlebnis besonderer Art ergeben.

Erwartungsvoll und behutsam setzte er sich auf eine Blume. „Hallo, du", sagte er zu ihr, doch die Blume antwortete nicht, sondern wiegte den Schmetterling bloß einige Male im Wind hin und her.

„Nanu, warum ist es dann heute so still hier?" fiel plötzlich dem Schmetterling die unnatürliche Stille um ihn herum auf. Reden denn die Blumen nichts mehr? Haben denn die Vögel aufgehört zu sprechen? Ja – und selbst die Grillen haben heute nichts mehr zu erzählen? Verwundert blickte er sich um.

„Seltsam", dachte der Schmetterling, „so eine Stille habe ich noch nie erlebt!" Nicht einmal den Wind konnte er singen hören, der sonst immer so „trallalallala" über die Wiesen pfiff und dabei die lustigsten Lieder von sich gab. Er spürte lediglich, wie ihn der Wind immer wieder an den Flügeln zupfte, einmal dort und einmal da. Unruhig geworden, rutschte er auf der Blume hin und her und lauschte und lauschte und lauschte, bis er zum Schluß nur noch das Rauschen vom Lauschen in seinen Ohren hatte.

Er wußte einfach nicht, warum er heute so gar nichts von seinen Freunden hören konnte. Verzweifelt griff er an seine Ohren und zog und zerrte daran. Er drehte sie nach vorn und hinten und nach oben und unten. Doch nicht das Leiseste vom Leisen drang an seine Ohren. „Ich höre heute nichts", beugte er sich klagend zur Blume hinunter, „bin ich denn taub geworden?" Tiefe Verzweiflung überkam ihn bei diesem Gedanken. Würde er nie mehr hören können? Schwer fiel sein Köpfchen nach vorne auf die Brust, und er gab auf, dem nachzulauschen, was er nicht und nicht zu hören vermochte.

Nach einiger Zeit schlossen sich seine Augen, und er dachte traurig an die vielen Freunde, deren liebliche Stimmen er wohl nie mehr zu Ohren bekommen würde. Er dachte an die Blumen, den Wind, die Grillen, die Vögel, den kleinen getupften Käfer neben dem großen Stein und alle die, die sich immer so fröhlich auf der Wiese tummelten.

„Ach", seufzte er, „wo sind denn heute bloß die Stimmen meiner lieben Freunde geblieben?" Aber alles Wehklagen half nichts, er hörte nichts mehr, gar nichts mehr.

Zusammengesunken saß er auf der Blume, eingeschlossen in eine bisher unbekannte Stille, in eine Welt, in der es keine Geräusche, keine Stimmen, keine Lieder, keine Töne und Klänge mehr gab. So bemerkte er gar nicht, wie um ihn herum plötzlich die vergnügten Stimmen seiner Freunde angewandert kamen.

Rings um ihn erhob sich das eifrige Schwatzen der Blumen, der fröhliche Gesang des Windes, das Zirpen der Grillen, das Singen der Vögel und vieles, vieles mehr in den Abend hinein. Es war so laut geworden, daß es ja gar nicht zu überhören war. Der einzige, der es nicht hörte, war der Schmetterling selbst.

Als seine Freunde näherkamen, waren sie ganz erstaunt, daß der Schmetterling den Abend verschlief! Wo sie doch für ihn ein besonderes Konzert vorbereitet hatten. Mit den höchsten und tiefsten Tönen, die es überhaupt nur geben konnte. Kurzerhand rüttelten und schüttelten sie ihn so lange, bis er wieder in der Wirklichkeit war.

Als er die vielen Freunde vor sich sah und noch dazu die wunderbaren Klänge des Abendkonzertes vernahm, machte er vor Freude einen Luftsprung.

„Ich bin ja gar nicht taub, hört ihr? Ich bin ja gar nicht taub!" rief er. Und er wirbelte in die Höhe und flatterte aufgeregt hierhin und dahin. Überschwenglich wandte er sich an die Gräser am Boden: „Hört ihr, ich bin nicht taub, ich bin nicht taub!" Und zur Überraschung aller flog er wie eine wild gewordene Hummel zu den Vögeln hinauf.

Seine Freunde schüttelten die Köpfe. Sie konnten ja nicht wissen, daß der Schmetterling vorhin einen so tiefen und schmerzhaften Traum über das Taubsein hatte.

Vor Freude außer sich, mischte der Schmetterling seine eigene Melodie in das Abendkonzert seiner Freunde. Ob sie dazupaßte oder nicht, war ihm egal. Hauptsache, er konnte alles wieder hören!

# Der Gehörsinn

Das Hören, also das Wahrnehmen von Stimmen, Geräuschen und Tönen, erfolgt über das **Ohr.** Wenn du in den Spiegel schaust, so siehst du von deinen Ohren nur die Ohrmuschel und den Eingang des Gehörgangs, den **äußeren Gehörgang.** Dieser wird durch ein feines Häutchen, das **Trommelfell,** verschlossen. Schallwellen, die von der Ohrmuschel aufgefangen werden, dringen durch den Gehörgang bis zum Trommelfell und versetzen es in Schwingungen. Hinter dem Trommelfell befindet sich ein Hohlraum, in dem die Gehörknöchelchen – **Hammer, Amboß** und **Steigbügel** – aufgehängt sind. Diese übernehmen die Schwingungen und leiten sie an das **Innenohr** weiter, wo sich das Zentrum des Sinnesorganes, die **Schnecke,** befindet. Auf ihr sitzen jene Sinneszellen, die die wahrgenommenen Reize in Nervenimpulse umwandeln und diese über den Hörnerv zu den entsprechenden Wahrnehmungszentren im Gehirn weiterleiten. Das Gehirn sagt dir dann, was du hörst.

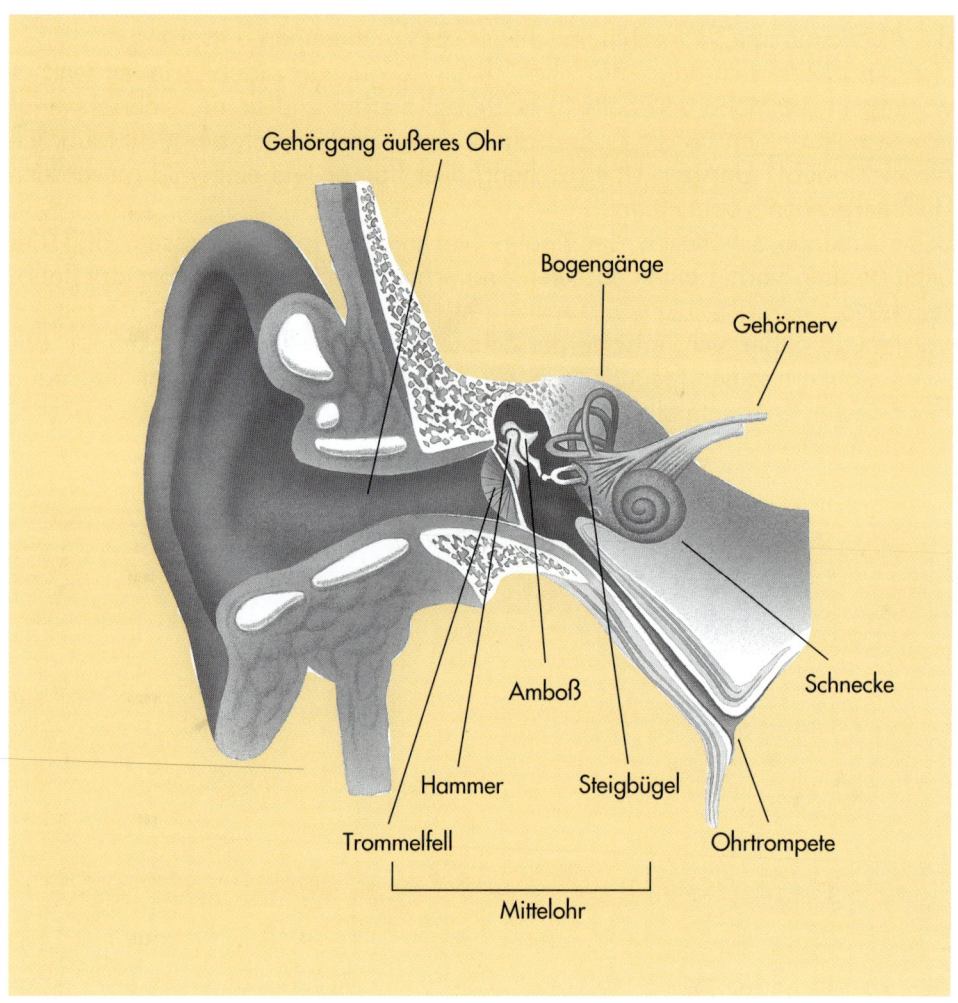

14

# Das Ungeborene nimmt Geräusche wahr

Als du viereinhalb Monate alt und noch im Bauch deiner Mama warst, hat dein Ohr ganz ähnlich ausgesehen.

Bereits im Mutterleib kann das Ungeborene hören. Sein ständiger Begleiter sind der Herzschlag der Mutter sowie ihr Atemrhythmus. Ist seine Mutter entspannt, schlägt ihr Herz gleichbleibend ruhig, und das Ungeborene fühlt sich sicher und geborgen. Ist die Mutter aufgeregt, spricht sie mit lauter Stimme oder erschrickt sie, wird auch das Kind im Mutterleib unruhig.

Im 5. Monat ist das Hörorgan voll funktionstüchtig, so daß es durch die mütterliche Bauchdecke hindurch Stimmen, Musik, Lärm, Lachen und vieles mehr wahrnehmen kann.

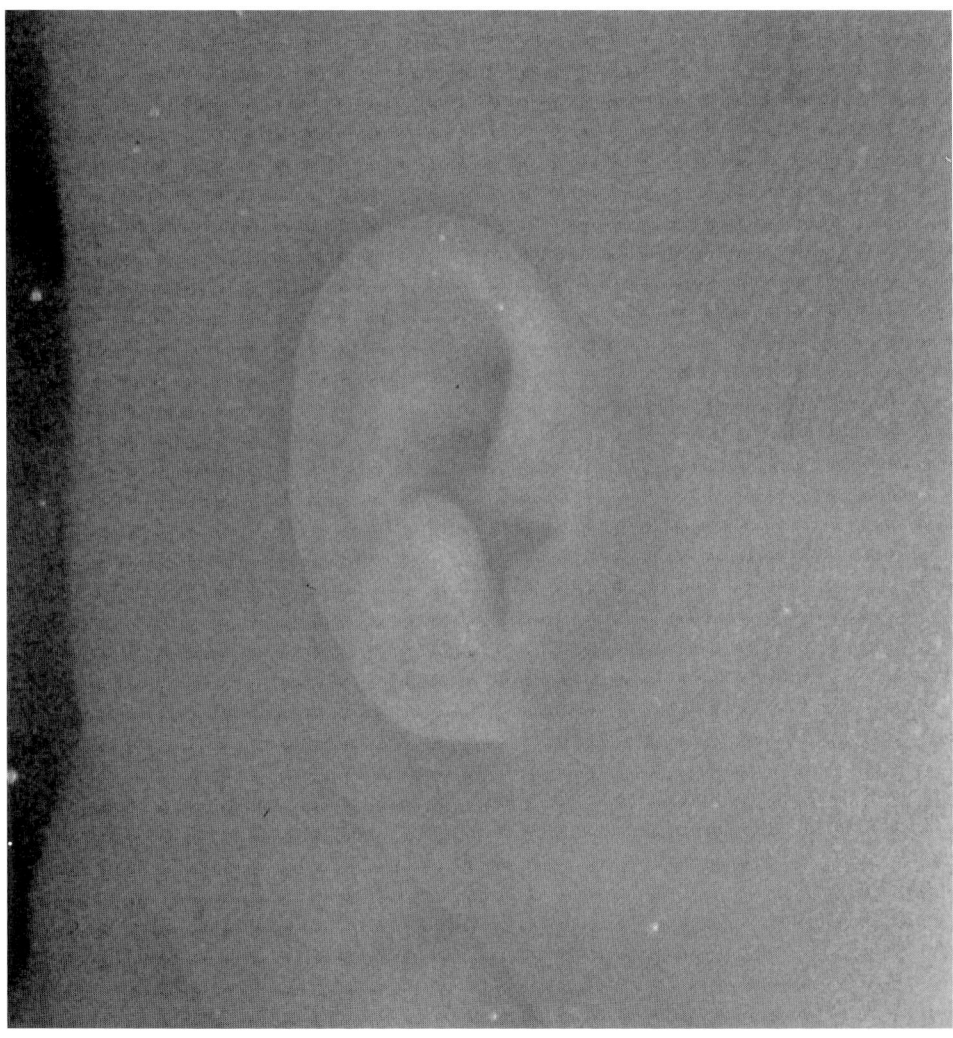

# Erlebnisfeld Hören

## Vom Säugling zum Kleinkind

Sobald das Baby auf der Welt ist, schreit es und kann sich auch selbst dabei hören. Es nimmt Kontakt mit seinen Bezugspersonen auf und kann sich schon nach geraumer Zeit durch unterschiedliches Schreien differenziert ausdrücken. Das Hören und die Lautbildung entwickeln sich immer parallel. Schon ab dem 2. Monat zeigt das Kind bewußtes Interesse an akustischen Reizen, es wendet sich Geräuschen zu und reagiert mit Lallen und Ausdrucksbewegungen wie Strampeln und hat Freude an der Wiederholung. Dabei sind die akustischen Reize äußerst wichtig für die Entwicklung des Gehirns und der Sprache.

## Erste Spielimpulse zur Förderung der Sinnesbildung

 **Leiser Sprechgesang**

**Rufterz**

Gu - ten   Mor - gen  lie - ber   Do - mi - nik!

**Rufterz mit oberem Nebenton (Ringa-Reia-Motiv)**

Hast  du   gut   ge - schla - fen?
Geh - en   wir   spa - zie - ren?

Renate Steiner

## Spielsachen, die Geräusche von sich geben

- Spieluhr – durch die Wiederholungsmöglichkeit wird eine Melodie bald vertraut.
- Rasseln, Klappern, Quietschtiere, Trommeln und Würfel mit Glöckchen animieren zusätzlich zur Bewegung.
- Ein Windspiel regt das Beobachten an. An einen Drahtkleiderhaken Holzperlen binden und über dem Bett anbringen. Durch das Aneinanderschlagen entstehen leise Klänge. Wichtig: Hakenende zu einer Schlinge drücken.

## Mit der Umwelt akustisch vertraut werden

- Tierstimmen
- Wind, Regen
- Kirchengeläute, Blätterrauschen
- Verkehrslärm (Autohupe, Sirene), Küchengeräte
- Klänge unterschiedlicher Musikinstrumente
- Geräusche, die wir selbst hervorbringen (Klatschen, Summen, Lachen, Blasen, …)

## Sprachspiele, die den Höreindruck vertiefen

### Ich und du

Renate Steiner

(Bewegungsspiel)

Wir drehen uns im Kreise
und sprechen ganz, ganz leise.
Hin und her wir uns nun wiegen,
wie schön, wenn wir uns aneinanderschmiegen.

### Was wir hören

Bienen, die summen,
Bären, die brummen,
Glocken, die schellen,
Hunde, die bellen,
Männer, die singen,
Gläser, die klingen,
Hämmer, die schlagen,
Kinder, die fragen,
Blätter, die rauschen,
Ohren, die lauschen!

### Was wir noch hören

Motorräder, die rattern,
Sägen, die knattern,
Steine, die fallen,
Schüsse, die knallen,
Panzer, die rollen,
Donnergrollen.

Renate Steiner

### Im gespenstischen Haus

(Fingerspiel – Bewegungen zum Text passend ausführen)

Daumen: „Ich höre Regentropfen!"
Zeigefinger: „Ich höre jemand an die Türe klopfen!"
Mittelfinger: „Ich höre lautes Pferdetraben!"
Ringfinger: „Ich höre etwas unterm Sessel schaben!"
Kleine Finger: „Ich höre das Piepsen einer Maus!"
Da laufen alle blitzschnell aus dem Haus.

Renate Steiner

## Gute Nacht

Renate Steiner

1, 2, 3, 4,                              5, 6, 7, 8,
ich komme gern zu dir,                   ich sag' dir leise: „Gute Nacht!"

### Jetzt

(Meditationstext – beim Vorlesen liegen die Kinder
mit geschlossenen Augen auf dem Boden)

Stell dir vor,
wie die Sonne deine Nase kitzelt,
wie der Wind sanft dein Haar streichelt.
Versuche, die Wärme deines Atems zu spüren,
lege die Hände auf den Bauch,
folge der Atembewegung,
Zeit haben,
in die Stille lauschen,
und jetzt –
ein Lächeln auf die Lippen zaubern.

Renate Steiner

Weiterführende Idee:

Im Anschluß daran ein Bild malen – Stimmungen mit Farben wiedergeben.
Eventuell leise Meditationsmusik zur Untermalung spielen.

## Singspiele, die das Hörerlebnis durch Bewegung verstärken

### Es regnet

Mündlich überliefert

(Singspiel)

Es reg-net, es reg-net, es weht ein star-ker Wind,
es blitzt, es don-nert, es blitzt, es don-nert, und
dann kommt ein schö-ner Re-gen-bo-gen. bo-gen.

**Spielmöglichkeit:**

Es regnet = mit Fingern den Regen zeigen
es weht ein starker Wind = Arme hin und her bewegen
es blitzt = 1x klatschen
es donnert = aufstampfen
schöner Regenbogen = mit ausgestreckten Armen Bogen beschreiben

## Komm, steig ein!

Renate Steiner

(Anhängespiel)

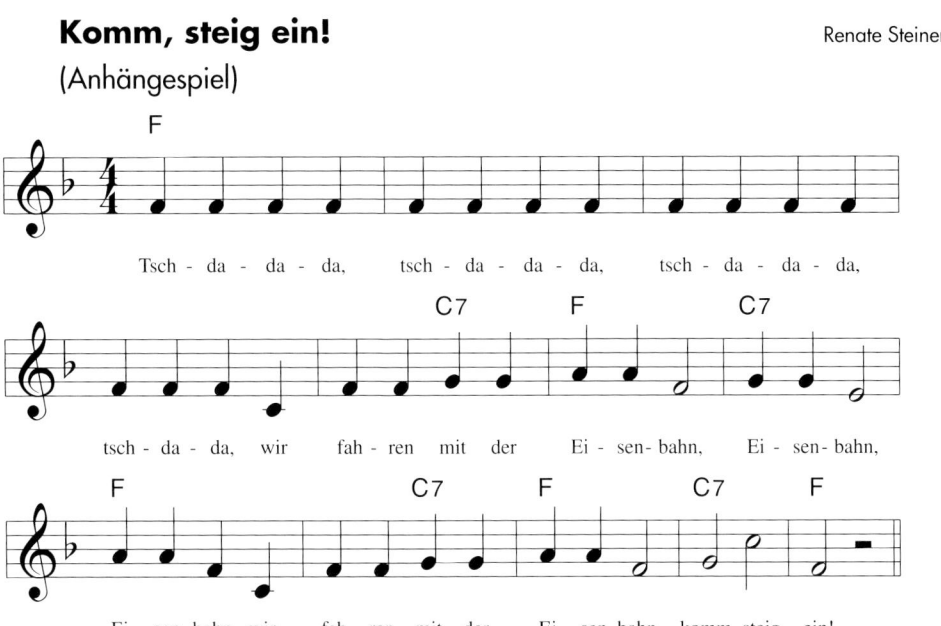

**Spielmöglichkeit:**

Die Kinder stehen im Kreis oder einzeln im Raum verteilt. Eines der Kinder spielt die Eisenbahn und geht herum. Bei „Komm, steig ein" tupft es ein anderes Kind an und fordert es auf, mitzufahren. Dieses Kind legt seine Hände auf die Schultern des vor ihm stehenden Kindes. Das Spiel wird so oft wiederholt, bis alle Kinder mitfahren.

**Weiterführende Idee:**

Alle Spieler stellen sich im Kreis auf und halten ein Seil locker in den Händen (die Hände sind das Tunnel, das Seil ist der Zug). Der Spielleiter zieht vorsichtig am Seilende an und wickelt das Seil auf. Verläßt das Seil die Hände des Kindes, darf es laut, wie der Zug, pfeifen.

# Spielerische Förderung der akustischen Wahrnehmungs- und Differenzierungsfähigkeit

 **Selbstgebaute Geräuschinstrumente**

(Sie sind ein wichtiger Bestandteil der elementaren Musikerziehung.)

## Perlenklapper

Material:

Vorhangring, Holzperlen, Nylonschnur, Schere

Anleitung:

Die Holzperlen auf eine Nylonschnur aufziehen, durch den Vorhangring fädeln und die Enden fest verknoten.

## Verschiedene Rasseln

Material:

Handliche leere Dosen, Joghurtbecher, Glühbirnen, Versandrolle, Kleister, Teesieb, Zeitungspapier, Klebefolie, Malfarben, breites Klebeband, Luftballon, Schnur, Füllmaterial (Steinchen, Büroklammern, Sand, kleine Nägel, Holz- und Glasperlen, Eicheln, kleine Kastanien, Reis, Erbsen, Maiskörner, Bohnen, Linsen)

## Teesieb-Rassel

Anleitung:

In ein Teesieb beliebiges Rasselmaterial füllen, ein zweites Teesieb darauflegen und die Stielenden mit einer Schnur fest zusammenbinden.

## Rassel aus einer Glühbirne

Anleitung:

Eine ausgebrannte Glühbirne mit Kleister bestreichen und mit Papier überziehen. Diesen Vorgang 5 bis 6 Mal wiederholen und alles etwa zwei Tage gut trocknen lassen.

Nach Phantasie bemalen und eventuell farblos lackieren. Wenn die Farbe trocken ist, die Glühbirne kurz an die Tischkante schlagen, so daß das Glas im Inneren zerbricht.

## Rasselballon

Anleitung:

Luftballon mit beliebigem Rasselmaterial füllen und vorsichtig etwas aufblasen. Anschließend fest verknoten.

## Rassel-Memoryspiel

Anleitung:

Leere Filmdosen paarweise mit gleichem Rasselmaterial füllen und verschließen. Ein Paar kann leer bleiben.
Zur Kontrolle die gleichklingenden Paare an der Unterseite mit gleicher Farbe kennzeichnen.

Spielmöglichkeit:

Ein Spieler beginnt, er darf nacheinander zwei Dosen schütteln. Klingen sie gleich, darf er dieses „Rasselpaar" behalten und erneut zwei Dosen schütteln. Falls es unterschiedliche Klangnuancen sind, kommt der nächste an die Reihe.

Hinweis:

Durch Hinzufügen neuer Rasselpaare wird der Schwierigkeitsgrad gesteigert.

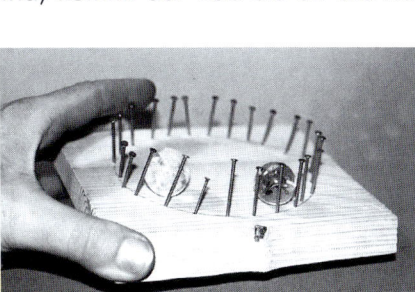

## Klingender Kreis

Material:

Weichholzplatte, Hammer, Nägel, Glaskugel (Murmel), Bleistift

Anleitung:

Mit einem Bleistift einen Kreis auf die Holzplatte zeichnen und entlang dieser Linie Nägel einschlagen. Die Abstände zwischen den Nägeln müssen so eng sein, daß die Kugel dazwischen nicht herausrollen kann. Nun die Kugel im Kreisinneren entlanglaufen lassen. Eventuell eine zweite Kugel dazugeben.

### Das Lied der Kugel

Die Kugel singt ganz leise,
auf ihre eigne Weise:
Klimm-bimm-bimm,
klimm-bamm-bimm,
klamm-bimm-bamm,
bimm.

Renate Steiner

## Glockenspiel

**Material:**

Verschieden große Blumentöpfe aus
Ton, Schnur, Schere, Malfarben, Schlägel, Holzstab

**Anleitung:**

Ein Stück Schnur zur Schlaufe legen, die beiden Enden in das Loch des Topfes
stecken und verknoten. Einen Holzstab durch die Schlaufen schieben und den
Stab mit den verschieden großen Glocken zwischen zwei Sessel legen.
Mit verschiedenen Schlägeln die Töpfe zum Klingen bringen. Evtl. jedem Klang-
bild (Ton) eine Farbe zuordnen und die Töpfe bemalen. Dadurch kann eine
Farbnotenschrift gezeichnet werden.

**Weiterführende Idee:**

Werden die Töpfe senkrecht übereinander festgeknotet, erhält man einen
Glockenstrang. Vielleicht gelingt es, eine Tonleiter zusammenzustellen!

## Luftsack

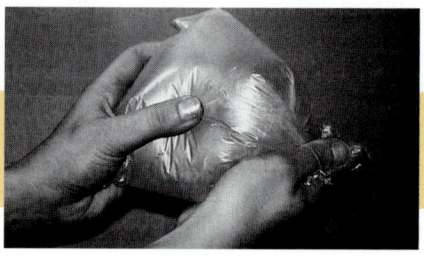

**Material:**

Plastiksäckchen

**Anleitung:**

Säckchen aufblasen und verknoten.
Leicht drücken, so daß es knistert,
oder mit der Hand in die Höhe
schlagen.

**Hinweis:**

Diese Luftsäcke eignen sich gut für die
rhythmisch-musikalische Erziehung.

## Kazoo

**Material:**

Leere Klopapierrolle, Transparentpapier, Schere, Gummiring

**Anleitung:**

Mit der Schere ein Loch in die Rolle stechen (siehe Foto). Das Transparentpapier
über eine Öffnung legen und mit einem Gummiring an der Rolle befestigen.
Das Kazoo mit der offenen Seite an den Mund drücken und hineinsprechen
oder -singen. Es entsteht ein Effekt ähnlich wie beim Kammblasen.

## In der Röhre

Renate Steiner

```
1. In der Röh-re sitzt der Mann,    der am be-sten sin-gen kann:
                                    „la-la-la-la - la-la-la".
```

2. In der Röhre sitzt der Mann, der am besten summen kann:
   „Summ-summ-summ-summ, summ-summ-summ."
3. In der Röhre sitzt der Mann, der am besten krähen (miauen, bellen, flüstern,
   schreien, piepsen,…) kann.

## Zupfbecher

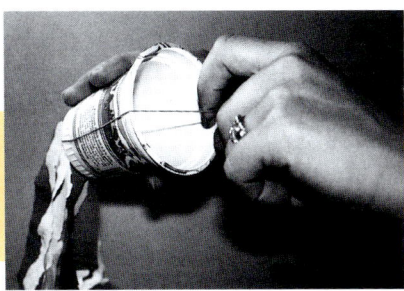

> **Material:**
>
> Joghurtbecher, Gummiringe,
> Klebeband

Anleitung:

Ein oder zwei Gummiringe über den Becher spannen und seitlich am Becher mit Klebestreifen befestigen. Die Gummiringe können nun durch Anzupfen zum Klingen gebracht werden. Evtl. am Becherboden Kreppapierbänder als Schmuck festkleben.

Spielmöglichkeit:

Zum Beispiel die Pizzicato-Polka von Johann und Josef Strauß mit den Zupfbechern begleiten.

## Schellenstab aus Bierkapseln

> **Material:**
>
> Holzstab, Bierkapseln, längere
> Nägel, Hammer, Malfarben

Anleitung:

Den Holzstab mit Malfarben bemalen. Mit einem großen Nagel und Hammer in die Mitte der Kapseln ein Loch schlagen. Jeweils vier Kapseln auf einen Nagel schieben und mit dem Hammer die Nagelspitze in das Holz schlagen. Etwa 4 bis 6 solcher Nägel am Stab befestigen.

## Heulschlauch

**Spielanleitung:**

Das Rohr an einem Ende festhalten und über dem Kopf schnell kreisen lassen. Es entsteht ein Ton, der sich je nach Drehgeschwindigkeit verändert.

Anregungen zum Bau verschiedener weiterer Instrumente: siehe „Spiele, Spaß und Irgendwas", Franz und Renate Steiner, VERITAS-VERLAG, Seite 52.

 ## Einfach gestaltete Musikbereiche

## Musik-Leiter

**Material:**

Kleine Stehleiter, verschiedene Gegenstände, die durch Anschlagen zum Klingen gebracht werden können (Deckel, Dosen, Schöpfer, Töpfe,...), Schnur, Schere, verschiedene Schlägel (Kochlöffel, Vorhangstange aus Metall,...)

**Anleitung:**

Gegenstände an den Leitersprossen festbinden und durch Anschlagen zum Klingen bringen.
Die klingende Leiter kann zur „Tonleiter" umfunktioniert werden: Tief klingende Gegenstände werden an den unteren Sprossen der Leiter befestigt, höher klingende kommen an die oberen Sprossen.
Hohe und tiefe Töne können so gleichzeitig akustisch und optisch wahrgenommen werden.

**Spielmöglichkeiten:**

Ein Kind ist Dirigent, ein anderes Musikant. Der Dirigent zeigt durch zuvor vereinbarte Zeichen an, wie der Musikant spielen soll: hohe oder tiefe, lange oder kurze, laute oder leise Töne.
Echo-Spiele: Der erste Spieler gibt eine Klangkombination vor, ein anderer versucht, diese zu wiederholen.

## Weitere Anregungen:

- Aus (bunt bemalten) Obstkisten wird ein Regal gebaut. Die verschiedenen Instrumente sind jederzeit griffbereit.
- Ein aufgespannter Sonnenschirm, der auch im Raum seinen fixen Platz haben kann, wird zu einem Klangzelt umfunktioniert, indem man am äußeren Schirmrand ein Leintuch anbringt.
- Ein großer kahler Ast wird in ein Gefäß gestellt und mit Steinen fixiert. An diesen Ast können nun Instrumente gehängt werden, so daß ein „klingender Baum" entsteht.
- Ein Baustahlgitter dient zum Aufhängen verschiedener Instrumente: Die Stabenden fachmännisch abrunden und eine Halterung anschweißen lassen. Evtl. bunt lackieren.

## Instrumente spielerisch einsetzen

### Das Lied der Klangfee

(Spiellied)

1. Durch die Gas - se auf und nie - der, eilt die Klang - fee im - mer wie - der,

eins, zwei, drei, kommt, spielt da - bei!

2. Durch die Gasse auf und nieder, eilt die Klangfee immer wieder, eins, zwei, drei, nun tanzt dabei!

Renate Steiner

Spielmöglichkeit:

Die Kinder stehen einander paarweise gegenüber und bilden eine Gasse. Jedes Kind hält ein Instrument in seinen Händen. Die Zauberfee, die von einem Kind dargestellt wird, bewegt sich zum Text passend tänzerisch hin und her. Bei „eins, zwei, drei" bleibt sie jeweils vor einem Kind stehen und spielt dazu auf einem Instrument (z. B. Zymbeln) jeweils einen Klang. Das Lied wird summend oder auf „Tral-lal-lal-la" wiederholt, die drei erwählten Kinder spielen mit ihren Instrumenten bzw. tanzen dazu.

Hinweis:

Das Lied kann auch als zweistimmiger Kanon gesungen werden.

## Das große Fest

Renate Steiner

(Tanzspiel – Bewegungen zum Text passend ausführen)

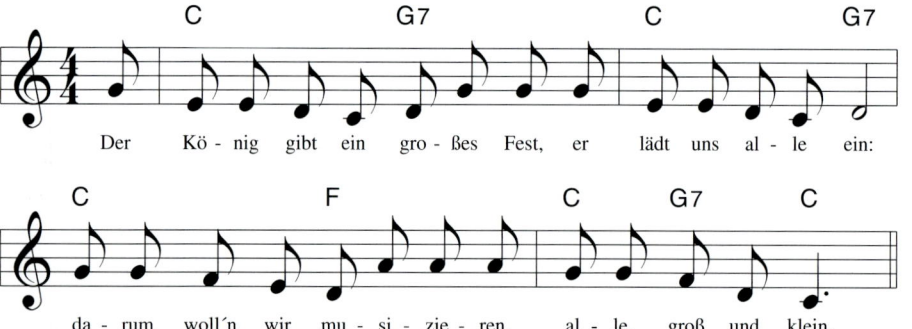

Der Kö - nig gibt ein gro - ßes Fest, er lädt uns al - le ein:

da - rum woll'n wir mu - si - zie - ren, al - le, groß und klein.

2. Auch laßt uns tanzen zur Musik, das Tanzen macht uns froh,
   alle dreh'n sich schnell im Kreise, alle freu'n sich so!

3. Di-ral-lal-la, hei-hopp-sa-sa, di-ral-lal-la, hei-ho,
   alle dreh'n sich schnell im Kreise, alle freu'n sich so!

 ### Hör-Spiele mit Instrumenten

## Musikeisenbahn

Es werden 5 bis 10 verschieden klingende Instrumente bereitgestellt. Die Kinder wählen je eines aus und verteilen sich im Raum. Ein Kind ist die Eisenbahn. Es hat die Augen geschlossen. Nun beginnt zuerst eines, dann ein anderes der stehenden Kinder, auf seinem Instrument zu spielen. Wenn der Klang verstummt ist, darf die „Eisenbahn" die Augen öffnen und zu den beiden Klangstationen fahren. Erkennt die „Eisenbahn" die Klangstationen richtig, nicken die Kinder. Falls eine Klangstation nicht richtig erkannt wird, verneint das dort stehende Kind.

Hinweis:

Je mehr Stationen hintereinander zum Klingen gebracht werden, desto schwieriger wird das Spiel. Genauso kann die Anzahl der bereitgestellten Instrumente von 10 auf 15 bis 20 erweitert werden.

## Der blinde Mann im Zauberwald

Alle Spieler stehen im Raum verteilt. Jeder hat ein Instrument, bis auf einen, der den Blinden spielt. Die stehenden Spieler sind Zauberbäume. Der Blinde geht nun mit geschlossenen oder verbundenen Augen im Wald spazieren. Sobald er in die Nähe eines Baumes kommt, gibt dieser Baum ein Geräusch oder einen Klang von sich. Der Blinde kann nun ausweichen, ohne an den Baum zu stoßen. Sobald er sich wieder entfernt hat, verstummt das Instrument.

Spielvariante für ältere Kinder:

Zwei oder drei Blinde spazieren gleichzeitig durch den Zauberwald.

## Klangdomino

Alle Instrumente müssen zweifach vorhanden sein. Jeder Spieler wählt sich zwei verschiedene Instrumente aus. Nun gilt die gleiche Spielregel wie beim Bilderdomino: Ein Spieler beginnt und spielt mit einem Instrument, z. B. der Rassel. Das Kind, das nun die gleiche Rassel in der Hand hat, wiederholt das Geräusch, danach spielt es mit seinem zweiten Instrument, z. B. der Perlenklapper.
Nun wiederholt sich der Spielablauf, das Kind mit der zweiten Perlenklapper wiederholt das Geräusch und spielt danach mit seinem zweiten Instrument, z. B. der Trommel, usw.

Hinweis:

Das Spiel wird erschwert, je rascher man es spielt.

Weiterführende Idee:

Wer sich in der Schnelligkeit irrt, muß ein Pfand hergeben, das am Spielende durch Singen eines Liedes wieder ausgelöst werden kann.

## Robimuck, der Tanzbär
Renate Steiner

Robimuck geht herum,
er schlägt die Trommel: rumm-bumm-bumm,
und wem er auf die Zehen tritt,
der spielt gleich mit.

Robimuck geht nicht herum,
alles ist nun wieder stumm!

Spielanleitung:

Die Kinder stehen im Kreis oder im Raum verteilt. Eines spielt den Tanzbären, es schlägt zum Text passend die Trommel. Die Kinder, die der Bär vorsichtig an den Zehenspitzen berührt, dürfen nun den Sprechgesang des Bären mit einem Instrument oder durch ein Körpergeräusch (Klatschen, Stampfen,...) begleiten. Sobald der Bär stehenbleibt, verstummen alle Geräusche und Klänge. Ein anderes Kind kann nun die Rolle des Tanzbären übernehmen.

# Im Reich der Stimmen

## Tönebox

**Material:**
Schachtel, Schnur, Schere

**Anleitung:**

Mit der Scherenspitze ein Loch in die Schachtelwand stechen und die Schnur in die Schachtel legen. Ein Ende der Schnur durch das Loch schieben.

**Spielmöglichkeit:**

Der Spielleiter geht zu einem Kind. Dieses zieht an der Schnur an und singt dazu in einem Atemzug einen beliebigen Ton: „aaaaaaa". Ist dieser verklungen, wird die Schnur abgeschnitten.

Das Spiel wird so lange fortgesetzt, bis jedes Kind seine „Tonschnur" hat. Auf ein akustisches Signal (Triangel) singen alle Kinder gleichzeitig ihren Ton. Diese werden von unterschiedlicher Länge sein. Mit dem Finger soll optisch mitgezeigt werden.

**Weiterführende Idee:**

Der Spielleiter spielt auf der Flöte verschieden hohe und tiefe Töne. Die Kinder legen das Klangbild mit der Schnur. Besonders gut eignet sich die Lotusflöte dafür, da sie auch von sehr jungen Kindern gespielt werden kann. Das Spiel kann auch umgekehrt gespielt werden: Ein Kind legt mit der Schnur eine „Klangschrift", das Kind mit der Lotusflöte spielt nach dieser Klangschrift.

## Experimenteller Gesang

Alle Teilnehmer sitzen mit geschlossenen Augen auf dem Boden oder liegen auf dem Rücken. Ertönt ein akustisches Signal (Gong), singt jeder Teilnehmer einzelne Vokale: A, E, I, O, U – beliebig lang, in verschiedenen Tonhöhen und Lautstärken. Jeder einzelne kann dadurch erfahren, welcher Ton und welche Stimmlage für ihn persönlich angenehm ist.

## Streichelkonzert – Schimpfonie

Die Spieler stellen sich in zwei Reihen Rücken an Rücken auf. Nun drehen sich die Spieler einer Reihe um und versuchen, passende Laute und Worte zu finden, die positive Bedeutung haben (z. B. aah, toll, oh, wui,…). Danach drehen sich die Spieler wieder um. Nun antworten die Spieler der zweiten Gruppe mit negativen Ausdrücken (z. B. bäh, brr, pfui, wäh,…). Danach werden die Rollen getauscht.

## Laß dich nicht in die Irre führen

Es werden zwei gleich große Gruppen gebildet. Je ein Spieler einer Gruppe muß versuchen, eine Hindernisstrecke blind zu überwinden. Er darf sich vier „Freunde" wählen, die ihm durch Zurufe helfen sollen, den Weg zu finden. Alle übrigen Teilnehmer sind die „Störer", die durch Lärmen, Zwischenrufe und falsche Anweisungen den „blinden Läufer" in die Irre führen dürfen. Die Zeit, die der blinde Läufer benötigt, wird mit einer Uhr gestoppt.
Anschließend kommt der blinde Läufer der anderen Gruppe an die Reihe, der ebenso seine vier Freunde hat. Die anderen sind nun wieder die Störer. Sieger ist, wer weniger Zeit für dieselbe Strecke benötigt hat.

Hinweis:

Dieses Spiel eignet sich gut als Großgruppen-Animationsspiel. Die Zahl der „Freunde" kann bei vielen Teilnehmern erhöht werden.

## Blind malen

Ein Kind spielt den blinden Maler. Die anderen Kinder geben nun der Reihe nach Kommandos, die der Maler befolgen soll (z. B. links-links-stopp, höher-stopp). Das Thema kann festgelegt sein, es soll z. B. ein Haus gezeichnet werden.

Spielvarianten:

- Es gibt kein vereinbartes Thema, die Zeichenbefehle werden trotzdem von verschiedenen Teilnehmern gegeben.
- Es können aber auch mehrere Gruppen mit je einem blinden Maler gegeneinander spielen und das gleiche Thema haben (z. B. Kuh auf der Weide). Welches Bild ist schneller fertig?
- Es kann auch nur zu zweit gespielt werden (Rollentausch).

## Namenspiel

Alle Spieler bilden einen Kreis und reichen einander die Hände. Sie bewegen sich nun mit seitlichen Anstellschritten, wobei die Richtung immer gewechselt wird. Ein Spieler fragt, der „Beschuldigte" antwortet:

> Wer hat die Kekse aus der Dose geklaut? →
> Der ...... hat die Kekse aus der Dose geklaut! ←
> Was, ich? →
> Ja, du! ←
> Niemals! →
> Wer dann? ←
> Die ...... hat die Kekse aus der Dose geklaut! (usw.) →

Hinweis:

Dieses Spiel eignet sich gut zum Kennenlernen der Namen anderer Spieler. Die Schnelligkeit kann gesteigert werden.

Spielvariante:

Es werden zwei Reihen gebildet, und die Spieler stehen einander gegenüber und beschuldigen immer einen gegenüberstehenden Spieler.

## Telefon aus Joghurtbechern

**Material:**

2 leere Joghurtbecher, 2 Zahnstocher, längerer Bindfaden, Nadel

Anleitung:

Mit der Nadel in den Boden der Joghurtbecher ein Loch stechen, den Bindfaden durchschieben und an dessen Ende je einen Zahnstocher befestigen.

Spielmöglichkeit:

Ein „Fernsprechteilnehmer" spricht in die Öffnung des Bechers, der andere hält seinen Becher nah an das Ohr. Der Verbindungsfaden muß straff gespannt sein, so daß ein guter Kontakt zwischen Holz und Becherboden gegeben ist.

 ## Wie andere Sprachen klingen          volkstümlich, aus Frankreich

### Frère Jacques
(Kanon)

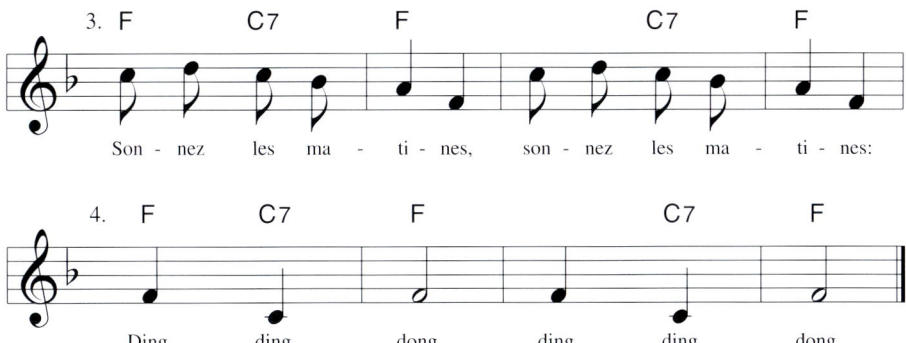

So wird der Kanon in Deutsch gesungen:

1. Bruder Jakob, Bruder Jakob,
2. Schläfst du noch? Schläfst du noch?
3. Hörst du nicht die Glocken, hörst du nicht die Glocken:
4. Ding, ding, dong, ding, ding, dong.

Englisch:
1. Are you sleeping, are you sleeping,
2. Brother John? Brother John?
3. Morning bells are ringing, morning bells are ringing:
4. Ding, ding, dong, ding, ding, dong.

Spanisch:
1. Montanero, montanero,
2. Sale el sol? Sale el sol?
3. Suenan las campanas, suenan las campanas:
4. Ding, ding, dong, ding, ding, dong.

##  Die Welt ist voll Geräusche

## Klanggeschichte

Mit einem Kassettenrecorder Geräusche aufnehmen, die beim Abspielen der Kassette wiedererkannt werden sollen.

Weiterführende Ideen:

Es kann ein Hörspiel entstehen (Themen: Auf dem Bauernhof; im Straßenverkehr; im Wald; auf der Baustelle; Werbung; …).

## Geräuschkette

Ein Spieler erzeugt ein Geräusch (Körpergeräusch, z. B. Klatschen). Der nächste Spieler wiederholt dieses und fügt ein neues hinzu: Klatschen und Stampfen, usw. Wer sich dabei irrt, scheidet aus.

Weitere Spiele zur Förderung der akustischen Wahrnehmung: siehe „Spielend in den Herbst", Franz und Renate Steiner, VERITAS-VERLAG, Seite 37.

## Spaziergang der Geräusche

Es wird ein Plakat ähnlich wie auf der Abbildung gestaltet, welches für alle gut sichtbar angebracht wird. Jeder Spieler beginnt irgendwo mit dem Spaziergang und erzeugt das entsprechende Geräusch.

Hinweis:

Anstelle des Plakates kann auch der Overhead-Projektor verwendet werden. Voraussetzung für das Spiel ist, daß die Kinder lesen können.
Das Spiel kann auch mit Körpergeräuschen oder mit Buchstaben (s-u-f-b-o-a) gespielt werden.

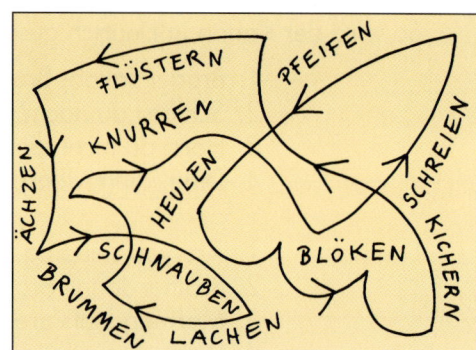

## Erforschen macht Spaß

### Schall – was ist das?

Wenn Luftschwingungen, die als Schallwellen bezeichnet werden, auf das Ohr treffen, entstehen dabei Hörempfindungen. Dadurch ist es möglich, verschiedene Geräusche, Töne, Klänge usw. wahrzunehmen.
Treffen diese Luftschwingungen (Druck- oder Schallwellen) auf das Ohr, wird nur dann ein Ton wahrgenommen, wenn das Trommelfell mitschwingt und die Schwingungen an das Gehirn weitergeleitet werden. Schnell schwingende Wellen erzeugen hohe Töne, langsam schwingende Wellen tiefe Töne. Die tiefe Saite der Gitarre schwingt langsamer als eine hohe Saite. Jeder schwingende Körper ist eine Schallquelle!

Beispiel:

Die Saite einer Gitarre wird angezupft, sie beginnt zu schwingen, das heißt, sie führt eine schnelle Hinundherbewegung aus. Diese Schwingungen wiederum versetzen die umgebende Luft in Bewegung. Es entsteht eine Druckwelle, auch Schallwelle genannt, die sich wellenförmig nach allen Seiten hin ausbreitet.

### Wie kann man sich Luftschwingungen vorstellen?

Wird ein Stein ins Wasser geworfen, verdrängt er das umgebende Wasser wellenförmig: Die Wellen breiten sich nach allen Seiten hin aus. Die Luft bewegt sich ebenso wellenförmig, sobald ein Körper in Schwingung versetzt wird.

## Wir hören den Schall

Schallwellen unterscheiden sich voneinander durch die unterschiedliche Anzahl der Schwingungen pro Sekunde. Je rascher die Schallquelle schwingt, desto höher wird der gehörte Laut. (Beim Klavier hat der tiefste Ton eine Frequenz von 33 Schwingungen pro Sekunde, der höchste Ton 4186 Schwingungen pro Sekunde.)

Die menschliche Sprache befindet sich in einem Frequenzbereich von 30 bis 7000 Schwingungen in der Sekunde.

Schwingungszahlen von über 20.000 in der Sekunde bleiben für den Menschen – im Gegensatz zu manchen Tieren (Fledermaus, Katze) – unhörbar und werden als Ultraschall bezeichnet.

Die tiefsten, für Menschen gerade noch hörbaren Töne und Geräusche werden durch 16 Schwingungen pro Sekunde erzeugt. Darunter liegende Werte können vom Menschen nicht mehr wahrgenommen werden, sie gehören zum Bereich des Infraschalls. Das Hörvermögen eines Kindes ist generell größer als das eines Erwachsenen.

## Wie entsteht ein Echo?

Treffen die Druckwellen der Luft (Schallwellen) auf eine Wand, wird ein Teil davon zurückgeworfen (reflektiert) und gelangt so wieder an unser Ohr. Ein Widerhall entsteht. Blätter von Büschen und Bäumen wirken schalldämpfend und vermindern das Echo.

## Experimente mit Schwingungen

Du kannst Luftschwingungen erzeugen, hören und auch manchmal sogar spüren, aber sehen kannst du sie nicht.

* Fülle etwas Wasser in ein Glas und schlage mit dem Löffel dagegen. Du hörst einen Klang. Nun gieße Wasser dazu.
  Wie verändert sich dadurch der Ton? Wird er höher oder tiefer?

- Spann einen Gummiring zwischen einer Türschnalle und deiner Hand. Nun zupfe den Gummiring an und verändere dabei die Spannung.
  Wie wirkt sich das auf den Ton aus? Wann wird er höher und wann tiefer?

- Nimm ein Lineal, lege es überstehend auf einen Tisch. Zupfe es am Ende leicht an, so daß es vibrieren kann. Lege deinen Kopf auf die Tischplatte und horche!
  Wie kannst du den Ton jetzt wahrnehmen? Kannst du ihn spüren?

- Halte die Flaschenöffnung dicht an deine Lippen und blase kräftig darüber. Warum entsteht ein Ton?

  *(Die über die Flaschenöffnung strömende Luft versetzt die stehende Luft in der Flasche in Schwingungen.)*

  Vergleiche die Töne, die große bzw. kleine Flaschen entstehen lassen. Wo gibt es den höheren Ton?
  In welchen Musikinstrumenten entstehen nach diesem Prinzip Töne?
  Bei den Pfeifen einer Orgel ist der Zusammenhang von Größe und Tonhöhe gut erkennbar.

- Nimm eine leere Papprolle und fange damit verschiedene Geräusche ein, z. B. Herzschlag, Schlucken, Uhrenticken, Flüstern,…
  Warum kannst du diese Geräusche, Töne und Klänge so besser hören?

  *(Weil die Schallwellen, die sie hervorrufen, direkt ins Ohr gelenkt werden.)*

  Auch der Arzt verwendet zum Abhören der Herztöne ein Hörrohr. Weißt du, wie es der Arzt nennt?

  *(Stethoskop)*

- Singe verschiedene Töne und lege dabei die Finger an den Kehlkopf.
  Was fühlst du?

  *(Die durch den Kehlkopf strömende Luft reibt an deinen Stimmbändern, versetzt sie in Schwingungen und erzeugt so die Töne.)*

- Schlage eine Triangel an. Diese klingt und schwingt. Bitte einen Freund, einen Finger auf die Triangel zu legen. Dadurch wird die Schwingung gestoppt.
Was passiert mit dem Ton der Triangel?

- Fülle Wasser in ein Weinglas. Mit dem angefeuchteten Zeigefinger fahre vorsichtig am Glasrand entlang, halte dabei das Glas gut fest.
Was passiert dabei? Kannst du etwas hören? Was geschieht, wenn du die Wassermenge im Glas veränderst?

 ## Hören – Verstehen – Sprechen

(Sprachspiele zum Erkennen und Unterscheiden von Worten und Lauten)

## Zungenbrecher

(Versuche, möglichst schnell zu sprechen!)

- Wer ackert am Krautacker Kraut?
Krautbauer Jakob ackert am Krautacker Kraut.

- Zwischen zwei Zwetschkenbäumen zwitschern zwei geschwätzige Schwalben.

- In dem großen grauen Korb krabbeln viele große Krebse.
Viele große Krebse krabbeln in dem großen grauen Korb.

- Sieben Schneeschaufler schaufeln mit silbernen Schaufeln sieben Schaufeln Schnee.

- Bürsten mit braunen Borsten bürsten besser als Bürsten mit blauen Borsten.

- Kratzen kleine Katzen? Auch kleine Katzen können kräftig kratzen.

- Zwei zahnlose Zwergziegenzüchter züchten zahme Zwergziegen.

- Braungebratene Bratwürste schmecken am besten mit Blaukraut und Brot.

- Die billige Ware wird am Wagen mit der alten Waage gewogen.

- Ich esse gerne frischen Fisch und frischgewaschene Kirschen.

- Schnalle schnell die schönen Schnallen an den Schuhen zu!

- Jakob, der Jodlerjunge, jodelt jämmerlich den Jubeljodler.

- Acht alberne Affen angeln am Abend achtzehn aalglatt-glitschige Aale.

## Wie gern wär ich ein Zauberer

Renate Steiner

Wie gern wär ich ein Zauberer,
der wirklich zaubern kann,
ich spreche laut den Zauberspruch
und wünsche mir sodann:

| | |
|---|---|
| Rixe-raxe, | Aus dem Ball wird sogleich ein …? |
| klixe-klaxe, | Aus dem Roß wird sogleich ein …? |
| ra-dra-bru, | Aus der Schraube wird sogleich eine …? |
| still, hör zu! | Aus dem Wurm wird sogleich ein …? |
| | Aus der Kanne wird sogleich eine …? |
| | Aus der Fliege wird sogleich eine …? |
| | Aus der Zange wird sogleich eine …? |
| | Aus dem Seil wird sogleich ein …? |
| | Aus dem Tisch wird sogleich ein …? |

Spielmöglichkeit:

Einer übernimmt die Rolle des Zauberers und spricht den Zauberspruch. Die übrigen Kinder ergänzen die Sätze mit Reimwörtern.
Wird das Spiel mit Schulkindern gespielt, so kann hier der Zaubermeister den ersten Begriff, z. B. Ball, an die Tafel schreiben. Ein weiteres Kind verändert die Buchstaben immer am Wortanfang und schreibt den sich darauf reimenden neuen Begriff (z. B. Stall) auf. Welchem Zauberer gelingt es, selbst Wörter zu finden, die sich „verzaubern" lassen?

## Horch, da fehlt etwas!

Renate Steiner

(Ergänze den Satz mit einem passenden Reimwort!)

Täglich putz' ich mir die Zähne, das Pferd hat eine schwarze …
Mama frisiert mich mit dem Kamm, zum Waschen verwende ich den …
Ich habe einen langen Zopf, an meiner Jacke fehlt ein runder …
Ist es kalt, trage ich eine Mütze und springe über jede …
Ich wünsch' mir eine neue Hose, dafür schenk' ich dir eine …
Oma hat einen blauen Rock, beim Wandern stützt sie sich auf ihren …
Mein Hund hat vier lange Beine, er geht immer an der …
Das Haus hat ein flaches Dach, dahinter fließt ein kleiner …
Um das Schloß steht eine alte Mauer, dahinter wohnt der reiche …
Auf dem Tisch steht eine Vase, im Feld hüpft ein kleiner …
Am liebsten spiele ich mit meiner Puppe, zu Mittag gibt es heiße …
Der Hund hat kein Futter, morgen kauft es meine …
Das Regenwasser sammeln wir in einer Tonne, hoffentlich scheint bald wieder die …
In meine Tasche stecke ich den Schlüssel, der Elefant hat einen langen …
Danke für die Nuß, zum Abschied gebe ich dir einen …
Mein Freund heißt Klaus, jetzt ist die Geschichte …

## Ein Begriff paßt nicht dazu

Der Spielleiter nennt mindestens drei Begriffe, wobei einer nicht zu den anderen paßt, z. B. Sessel, Tisch, (Apfel), Kasten. Wem gelingt es am schnellsten, den nicht passenden Begriff zu finden? Danach soll begründet werden, warum dieser Begriff nicht dazugehört (z. B. „Der Apfel ist kein Möbel."). Der jeweilige Sieger erhält einen Gutpunkt (Perle).

Hinweis:

Der Schwierigkeitsgrad muß auf das Alter der Kinder abgestimmt sein: z. B. Rechteck, Quadrat, (Kreis), Dreieck. Der Kreis hat keine Ecken. Oder: Österreich, Deutschland, (Paris), Schweiz. Paris ist kein Land.

Spielvariante:

Der Sieger wird zum neuen Spielleiter und nennt die nächsten Begriffe.


## Geheimer Auftrag

(Flüsterspiel)

Die Spieler sitzen im Kreis oder in einer Reihe nebeneinander. Der erste der Reihe beginnt und flüstert seinem Nachbarn einen Auftrag ins Ohr, den dieser nun seinerseits flüsternd weitergibt. Der Satz wandert bis ans Ende der Reihe bzw. im Kreis herum, bis ihn alle Spieler gehört haben. Der letzte muß nun den geheimen Auftrag erfüllen. Nun wird verglichen, ob das Ergebnis mit dem ursprünglichen geheimen Auftrag übereinstimmt!


## Rate, was gefragt wurde!

Ein Spieler flüstert einem anderen etwas ins Ohr. Dieser antwortet darauf laut. Die übrigen Spieler sollen nun möglichst genau erraten, was gefragt wurde.


## Was zeigt das Bild auf meinem Rücken?

Ein Spieler befindet sich in der Kreismitte, auf seinem Rücken wird ein Bild befestigt (z. B. Abbildung einer Uhr). Die übrigen Teilnehmer beschreiben nun das Bild mit je einem Satz. (Es ist rund. Viele Menschen tragen es. Darauf sind Zahlen. …) Das in der Mitte stehende Kind soll erraten, was das Bild auf seinem Rücken darstellt.

Spielvariante:

Das in der Mitte stehende Kind stellt Fragen an die übrigen, die nur mit „ja" oder „nein" beantwortet werden dürfen (z. B.: Ist es ein Tier? Ist es ein Ding? Ist es groß? Kann ich es mir kaufen? …).

## Paß auf!

Alle Teilnehmer knien in einer Doppelreihe am Boden, dazwischen liegen Löffel (einer weniger, als Kinder mitspielen). Der Spielleiter erzählt eine Geschichte, in der ein zuvor vereinbartes Wort mehrmals vorkommt. Sobald dieses Wort genannt wird, müssen alle Spieler einen Löffel schnappen. Wer keinen erwischt, scheidet aus. Nun wird ein Löffel aus dem Spiel genommen, und der Erzähler setzt seine Geschichte fort.

Beispiel: „Essen"

„Was gibt es heute zu *essen*?" fragen die Kinder ihre Mutter. „Wascht euch bitte die Hände, dann stelle ich das warme *Essen* auf den Tisch. Heute gibt es als Vorspeise Gemüsesuppe, und anschließend *essen* wir Vollkornlaibchen. Wer möchte dazu grünen Salat *essen*?" ruft Mama aus der Küche und bringt eine große Schüssel herein. „Mahlzeit!" sagen alle. „Mhh, das ist ja mein Lieblings-*essen*, schmeckt das wieder fein!" sagt Rikki...

## Was ist das Gegenteil von...?

Die Spieler stehen im Kreis, der Spielleiter wirft einem Kind den Ball zu und fragt dabei: „Was ist das Gegenteil von heiß?" Das Kind fängt den Ball und antwortet: „Kalt." Ist die Antwort falsch, muß das Kind beim Stehen die Füße überkreuzen. Wenn es später eine andere Frage richtig beantwortet, darf es wieder die Füße nebeneinander stellen.

Spielvariante:
„Nenne die Mehrzahl von Apfel (die Einzahl von Äpfel)!"

## Wer schafft die längste Wortreihe?

Der Spielleiter gibt einen Satz vor, z. B. „Im Geschäft kaufe ich Brot ein." Ein Spieler nach dem anderen wiederholt nun diesen Satz und fügt jeweils einen passenden Begriff hinzu. Wer sich verspricht oder etwas vergißt bzw. die Reihenfolge verwechselt, scheidet aus. Sieger ist, wer die längste Wortreihe schafft. (Im Geschäft kaufe ich Brot, Milch, Eier, Käse, Äpfel, ... ein.)

## Die unendliche Geschichte

Ein Mitspieler erzählt einen Satz. Der Reihe nach setzt nun jeder die Geschichte nach seiner Phantasie fort. Das Spiel dauert so lange, bis ein Erzähler die Erzählung zu Ende führt.

Spielvariante:
Der Erzähler nennt einen Mitspieler, der nun die Geschichte weiterführt.

# Schwerhörigkeit – Taubheit

Schwerhörigkeit ist entweder angeboren oder durch Krankheit verursacht (z. B. durch Mittelohrentzündungen).

Hörschäden können aber auch durch Überforderung des Gehörs entstehen (zu laute Musik, Maschinenlärm, Preßluftbohrer, Spielzeugpistole mit Knallplättchen, …). Der Schalldruck ist maßgebend dafür, wie laut ein Geräusch empfunden wird. Gemessen wird die Lautstärke in Dezibel (dB).

### Was verursacht welche Lautstärke?

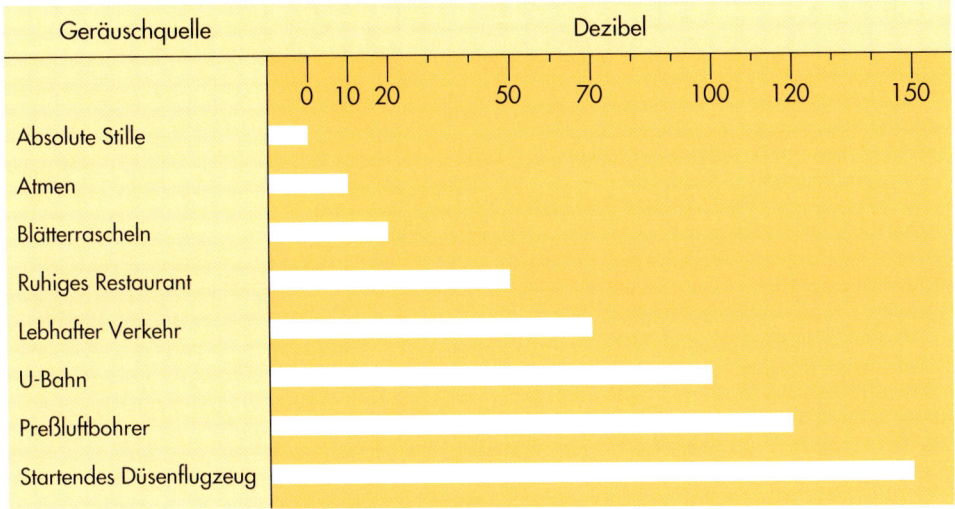

Die Dezibelangaben stellen Durchschnittswerte dar.

Der unschädliche Hörbereich befindet sich zwischen 0 bis 75 dB. Über diesem Bereich kann es bereits zu Hörschäden kommen, z. B. durch Verkehrslärm, sie hängen aber von der Einwirkungsdauer des Lärms ab.

Weiters kann Schwerhörigkeit auch durch eine Beeinträchtigung der Schallleitung im äußeren Gehörgang verursacht werden (wenn z. B. durch das zu tiefe Hineindrehen eines Wattestäbchens das Trommelfell verletzt wird).

Wichtig: Ohrenschmalz schützt das Ohr und dient der Reinhaltung! Nur leicht zugängliche Bereiche des Ohres vorsichtig säubern, niemals tief in das Ohr eindringen!

Als Hörhilfe dient ein Hörgerät. Es ist ein Verstärker, ausgerüstet mit einem Mikrophon und einem Lautsprecher.

Da unmittelbar mit dem Hören auch das Sprechen verbunden ist, kann das Hörgerät dem hörgeschädigten Kind helfen, sprechen zu lernen. Je früher ein Hörfehler erkannt wird, desto größer sind die Chancen für das Kind, daß es trotz seiner Behinderung sprechen lernt. Schon beim Baby lassen sich verschiedene Hörtests durchführen: Dreht es seinen Kopf neugierig, wenn es eine Stimme oder ein Glöckchen hört? Falls ein Kind keine Reaktion zeigt, sollte ein Arzt aufgesucht werden. Eine verzögerte Sprachentwicklung und auftretende Sprachfehler können auf Hörschäden hinweisen.

## Dialog ohne Sprache

Menschen, die nicht sprechen können, werden als stumm bezeichnet. Um sich trotzdem verständigen zu können, verwenden sie die Gebärdensprache.
Eine einfache Möglichkeit, sich ohne Worte zu verständigen, ist das Finger-alphabet. Damit kann man auch eine Nachricht durch ein geschlossenes Fenster vermitteln. Ebenso eignet es sich zum Finger-Stille-Post-Spiel.

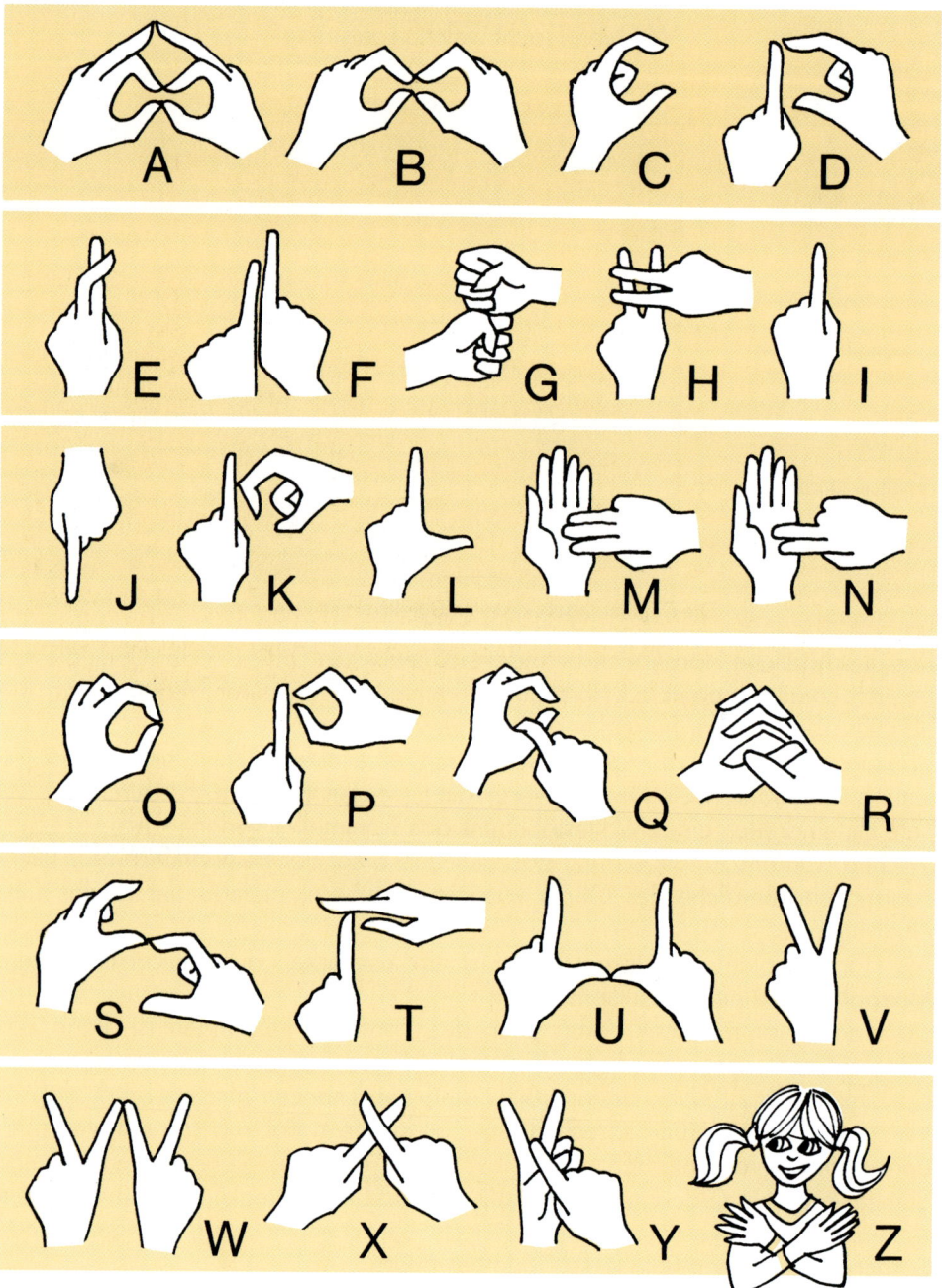

# SEHEN

Wenn ich die Augen schließe
sehe ich die Welt
mit anderen Augen!
Dann fliege ich
über den Wolken
und der Himmel antwortet
mit seinem schönsten
Blau!

# Ein kleiner Schlaufuchs

„Hurra!", rief ein Rabe.

Und „Hurra!" rief ein zweiter Rabe.

„Hurra, hurra!", rief nun die ganze Schar Raben, die auf einem Felsen beisammenhockte und verwegene Pläne schmiedete.

Von Zeit zu Zeit schauten sie über ihre gefiederten Schultern zurück, als wollten sie sicher sein, daß sie nur ja niemand belauschte. Doch meistens hielten sie die dunklen Äuglein geschlossen, um besser denken zu können. Oder blendete sie vielleicht die Mittagssonne?

„Was die wohl wieder ausbrüten", dachte verschlafen ein kleiner Rabe, der noch sehr jung war und wie die anderen mit geschlossenen Augen neben einem Strauch in der Sonne döste. „Wie schön ist doch das Träumen", rekelte er sich und genoß die Bilder, die vor seinen Augen dahinzogen.

Er stellte sich vor, ein großer, starker Rabe zu sein, der zu einer weißen Wolke hinaufstieg, die hoch am Himmel stand. Das gefiel ihm. So verging die Zeit, ohne daß ihm langweilig wurde.

Die großen Raben jedoch saßen gähnend beisammen und schrien immer wieder: „Hurra, hurra!" Nur um zu zeigen, daß sie an hervorragenden Ideen arbeiteten. In Wirklichkeit tauchten nur hin und wieder einzelne Bilder in ihrem Geiste auf, die aber eher mit Müdigkeit zu tun hatten als mit neuen Ideen.

Der kleine Rabe indessen reckte und streckte sich und öffnete erfrischt seine Augen.

Plötzlich stand er auf, schlug mit den Flügeln und krächzte: „He, ihr da, krah, krah, ich bin auch noch da!" lenkte er ihre Aufmerksamkeit auf sich. „Ich habe eine Idee", verkündete er lauthals.

Nun kam erstmals Bewegung in die Gruppe der Langeweiler, und krächzend erhoben sich die schwarzen Vögel in die Luft, um zu dem Jungen hinüberzufliegen.

„Was willst du denn, Kleiner?" krächzte der Großrabe und baute sich vor ihm auf, wie ein riesiger drohender Schatten.

„Ich will mit euch wetten!" posaunte der Kleine keck heraus.

„Du möchtest mit uns wetten?" ging ein erstauntes Raunen durch die Menge.

„Seht ihr die Wolke dort oben?" zeigte der kleine Schreihals in den Himmel.

„Ich wette mit euch, daß ich als erster die Wolke von oben betrachten werde!"

„Uuu-huhu, einen Wettflug willst du mit uns machen?" verhöhnte die Menge den kecken Kleinen.

„Ich bin bereit", krächzte der kleine Rabe und stakste zur Startrampe, einem Felsvorsprung, wo es steil die Felswand hinunterging.

Der Kleine schien einen Moment nachzudenken, dann hockte er sich an den Rand und starrte zu der Wolke weit oben hinauf. „Es geht um hundert Regenwürmer – einverstanden?" krächzte er lautstark.

Daneben nahm die ganze Schar Raben Aufstellung, einer neben dem anderen. „Einverstanden", meinten alle wie aus einem Schnabel. Blinzelnd starrten auch sie zu der Wolke hinauf. Dem vorwitzigen Kleinen würde der Spaß schon noch vergehen!

„Auf die Plätze – fertig – los!" schrie der Großrabe und schlug die Flügel über seinem Kopf zusammen.

„Rabumm", ertönte der Startschuß, und alle erhoben sich krächzend und um sich schlagend in den Himmel. Jeder wollte als erster diese weiße Wolke von oben sehen. Keiner kümmerte sich um den anderen, und um den Kleinen schon gar nicht! Sie zogen einfach über ihn hinweg, so mir nichts, dir nichts.

„Das hat er nun davon", hörte man den Großraben aus der Luft herunterrufen. Dann war es auf dem Felsen ruhig geworden. „Fliegt nur, fliegt nur", winkte ihnen der kleine Rabe nach. „Krah, krah, ich bin trotzdem vor euch da", blinzelte er keck den schwarzen Vögeln hinterher. Dabei gab er sich so siegesgewiß, als hätte er die Wette schon gewonnen! Unvermittelt drehte er sich um und stapfte zu seinem Strauch zurück. Und gemütlich schloß er seine Augen.

Wie denn, was denn – so will er die Wolke als erster von oben sehen?

Er genoß die Sonnenstrahlen und tat, als ginge ihn das Ganze überhaupt nichts mehr an. In Gedanken war er aber den anderen bereits weit voraus, und er sah ganz deutlich die bauschige, weiße Wolke vor sich, obwohl er neben dem Strauch kauerte und die Augen geschlossen hielt!

Und so ergab es sich, daß der kleine Rabe, während die anderen nacheinander keuchend und ausgepumpt die Oberseite der Wolke erreichten, schon längst dort oben war! Wenn auch nur in Gedanken. Aber er konnte genau beschreiben, wie die Wolke aussah.

Wie staunten da die anderen, als sie zurückkehrten und erfuhren, daß sie ihm jeden Tag genau zwanzig Regenwürmer zu bringen hätten, und das fünf Tage lang. Das machte insgesamt hundert Regenwürmer, und die hatte er sich redlich verdient.

Ist er nicht ein kleiner Schlaufuchs, der mit geschlossenen Augen mehr sieht als so mancher anderer?

# Der Gesichtssinn

Das Sehenkönnen ist für uns ein wesentlicher Bestandteil in unserem Leben; die meisten Sinneseindrücke, die wir täglich wahrnehmen, sind Sehempfindungen. Die Augen sind somit die Fenster zur Welt. Durch das wunderbare Zusammenwirken von Auge und Gehirn ist es uns möglich, die Welt zu sehen, zu erkennen und auch zu deuten. Dies gelingt jedoch nur, wenn die Augen dazu genügend Licht haben, da sie im Dunkeln nicht sehen können.

Das menschliche Auge besteht aus drei ganz feinen Häuten, die den Augapfel umschließen. Die äußerste Haut, die **Hornhaut**, ist durchsichtig und lichtdurchlässig. Im Spiegel siehst du, daß die weiße Fläche des Auges einen farbigen, runden Kreis umschließt. Dies ist der sichtbare Teil der mittleren Schicht, der **Iris** oder **Regenbogenhaut**, der dem Auge seine Farbe gibt. Welche Augenfarbe hast du? Deine Augenfarbe wird von den Augenfarben deiner Eltern durch Vererbung mitbestimmt.

In dieser mittleren Schichte befinden sich die Blutgefäße. Die Iris schützt die lichtempfindliche **Netzhaut,** die innerste Schicht des Auges, vor zu starkem Lichteinfall: Ist es sehr hell, zieht sie sich zusammen und verkleinert das Sehloch, die **Pupille**, bei Dunkelheit vergrößert sich das Sehloch. Die Pupille ist der schwarze Punkt in der Mitte deines Auges, der in Wirklichkeit die Öffnung ist, durch die du siehst.

Die **Netzhaut** ist die innerste Schicht, auf der sich die Sehzellen befinden. Diese vermitteln uns Helligkeits- und Farbeindrücke. Alles, was wir sehen, wird über Netzhaut und Sehnerv an das Gehirn weitergeleitet.

Es gibt zwei verschiedene Arten von Sehzellen, die **Stäbchen** und die **Zäpfchen**, die sich in millionenfacher Anzahl auf der Netzhaut befinden. Die Stäbchen sind zuständig für das Erkennen von Hell und Dunkel, die Zäpfchen für das Erkennen der Farben.

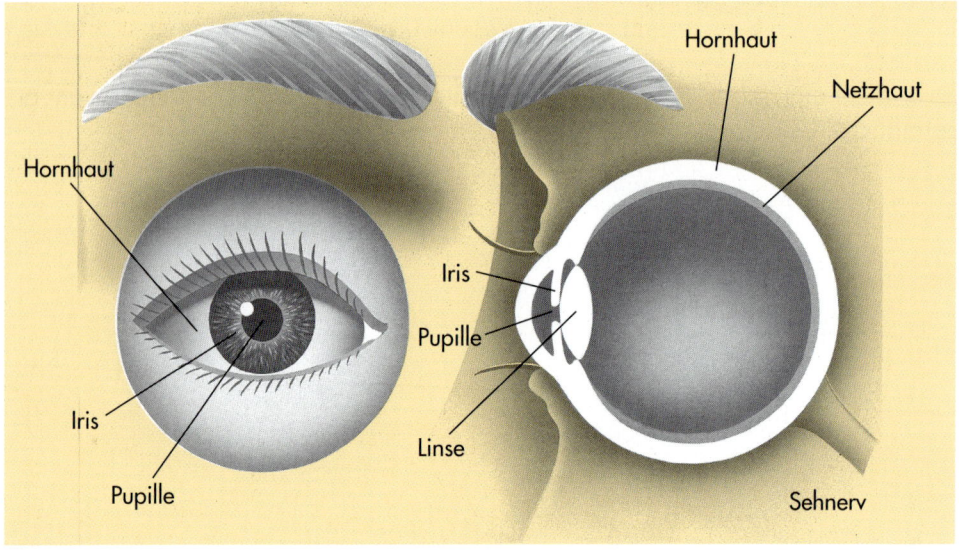

# Das Ungeborene ist lichtempfindlich

Bereits in der 10. Schwangerschaftswoche sind die Augen beim ungeborenen Kind voll ausgebildet. Kurze Zeit später bilden sich die Augenlider, die einen Schutz für den Augapfel darstellen.

Als du noch im Mutterleib warst, war es für dich nicht vollkommen dunkel: im Mutterleib herrscht eine rot-orange Dämmerung. Auch Hell und Dunkel konntest du bereits unterscheiden: Die Sehzellen (Stäbchen) auf der Netzhaut sind im fünften Monat der Schwangerschaft bereits ausgebildet. Verändern sich die Lichtverhältnisse auf der Bauchhaut der Mutter, so merkt dies auch das Kind, da die Bauchhaut und die Augenlider das Licht durchscheinen lassen.

Nach dem 7. Monat öffnen sich die Lider, und das Ungeborene kann sie selbständig öffnen und schließen.

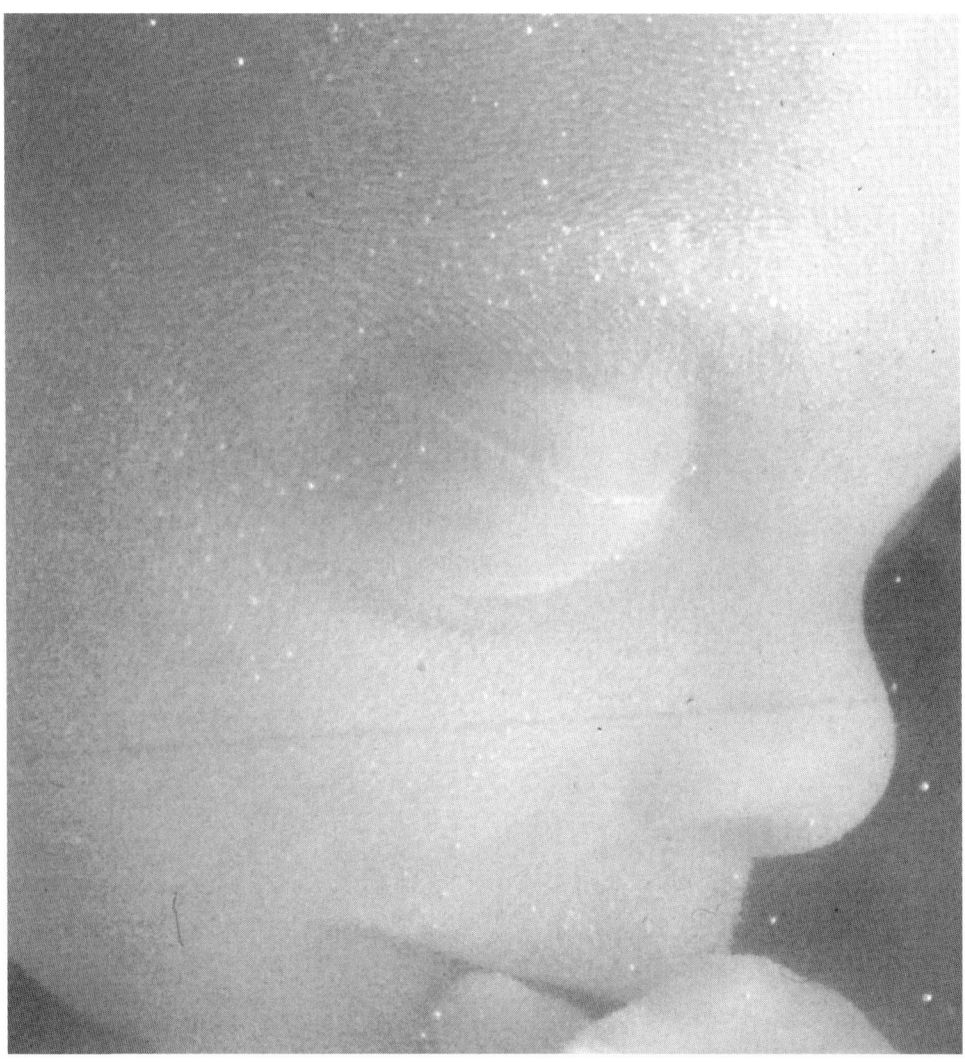

# Erlebnisfeld Sehen

## Vom Säugling zum Kleinkind

Das Baby kann nach der Geburt bereits sehen, jedoch ist das Sehvermögen bei einem Neugeborenen noch eingeschränkt. Konturen erkennt es nur unscharf, auch Farben kann es noch nicht so wie wir wahrnehmen, da sich erst jetzt auf der Netzhaut die zweite Art der Sehzellen, die Zäpfchen, bilden.

Am besten kann es Dinge erkennen, die ungefähr 30 cm von ihm entfernt sind. Doch Woche für Woche nimmt die Sehschärfe zu, mit einem halben Jahr hat ein Baby die Sehschärfe eines Erwachsenen. Es erkennt schon Bekanntes wieder, weil es sich bereits Bilder merken kann.

## Erste Spielimpulse zur Förderung der Sinnesbildung

 ### Spielsachen, die zum Beobachten anregen

**Material:**

Verschiedenfarbiges Papier, Schere, Klebstoff, Holz- oder Drahtringe, bunte Bänder

### Papiermobile

Anleitung:

Verschiedenfarbige Papierringe zuschneiden, der Größe nach ineinander legen und an einem Faden befestigen. Das Mobile gut sichtbar aufhängen (z. B. über dem Babybett).

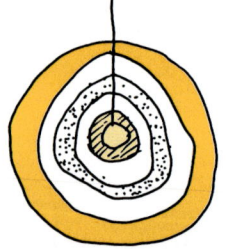

### Tütenkasperl (einfache Ausführung)

**Material:**

Kartonrolle (Klorolle), Stoff, Watte- oder Holzkugel, Klebstoff, Schere, Rundholzstab, evtl. Schelle, Nähfaden, 3 Perlen, Zierband, Filzstifte, Malfarben

Anleitung:

Die Wattekugel am Holzstab festkleben und das Kasperlgesicht aufmalen. Eine Zipfelmütze (diese entsteht aus einem zum Halbkreis zugeschnittenen Stoffrest) darauf befestigen und an der Spitze eine Schelle oder Perle annähen. Stoff um die Kartonrolle wickeln, so daß er an einer Seite der Rolle ca. 10 cm übersteht. Dieses Stoffende wird mit einem Band zusammengerafft (= Halskrause) und am Kopf angeklebt. Das andere Stoffende in die Kartonrolle nach innen einschlagen und festkleben.

## Tütenkasperl mit Armen

Anleitung:

Das Kasperlkleid zweifach aus Stoff zuschneiden und zusammennähen. (Das Kleidende muß den gleichen Umfang wie die Kartonrolle haben.) Das Kleid wenden, als Hände an jedem Arm eine Perle annähen. Die Kartonrolle außen bemalen, das untere Ende des Kasperlkleides an die Kartonrolle ankleben.
Weitere Ausführung siehe einfacher Tütenkasperl.

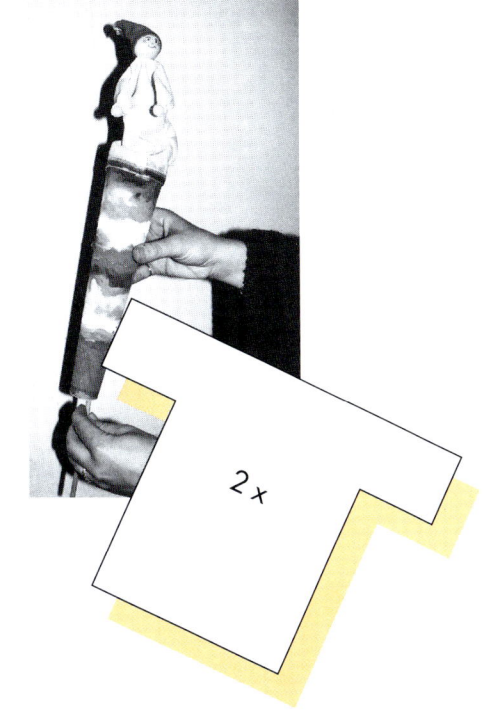

Spielmöglichkeit:

Wird der Stab nach unten gezogen, so versteckt sich der Kasperl in der Rolle (Kuckuck-Versteckspiel-Lied).

## Kuckuck-Versteckspiel

Renate Steiner

Kuk-kuck, wo bin ich? Kuk-kuck, su-che mich! Kuk-kuck, du bist mein lie-ber Schatz!

Hinweis:

Zuerst ist man nahe beim Kind, kurz darauf versteckt man sich kurz. Schon Babies lieben dieses Wechselspiel. Mit zunehmendem Alter wird es sich selbst verstecken und sich umso mehr freuen, wenn es wieder entdeckt wird.

# Spielerische Förderung der optischen Wahrnehmungs- und Differenzierungsfähigkeit

 **Mit den Augen entdecken**

### Das Wetter ist schön

Renate Steiner

(Kreisspiel)

Das Wet - ter ist schön, komm, reich mir die Hand, wir
ge - hen ge - mein- sam hin - aus auf das Land. Ich se - he den Tho- mas, den
Tho- mas nehm ich mit. Wir al - le, wir freu'n uns, daß es dich gibt.

Spielvorschlag:

Ein Kind geht im Kreis und sucht ein anderes aus. Dieses kommt in die Mitte und dreht sich, während die übrigen dazu klatschen.

Weiterführende Idee:

Anstelle mit den Namen der Kinder kann das Lied auch mit verschiedenen Dingen gesungen werden: Ich sehe den Stein, das Blatt, die Eichel,…

### Das Fernglas
Renate Steiner

Mit dem Fernglas in der Hand
blicke ich ins ganze Land.
Alles möchte ich entdecken,
auch das Allerkleinste in den Ecken.

Hokus-pokus, eins-zwei-drei,
es ist phantastisch – wie Zauberei!
Tiere, Pflanzen und auch dich,
alles sehe ich, nur nicht mich!

Weiterführende Idee:

Bemale eine Kartonrolle und verwende diese als Fernglas.

(siehe „Spielend in den Herbst", Franz und Renate Steiner, VERITAS-VERLAG, S. 14)

# Fotoapparat

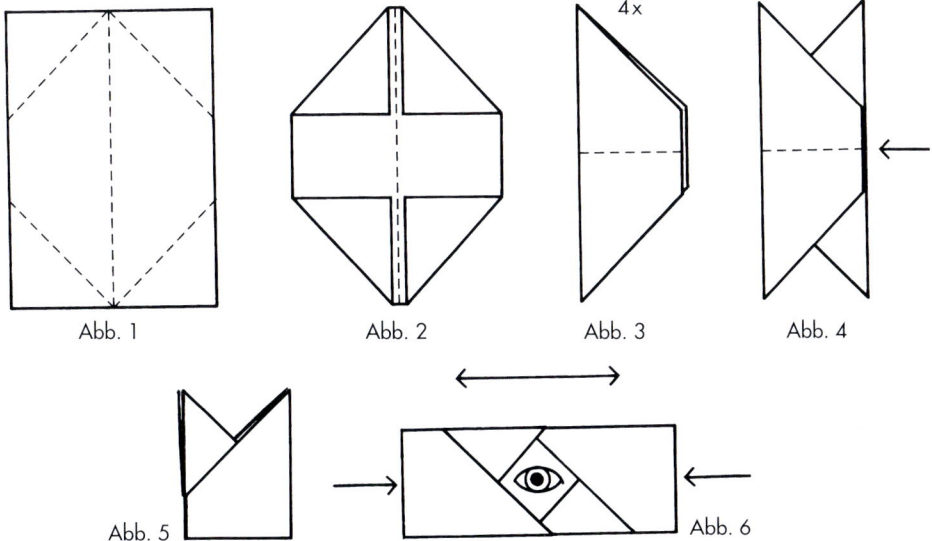

Abb. 1     Abb. 2     Abb. 3     Abb. 4

Abb. 5     Abb. 6

Das Zeichenblatt der Länge nach falten (Abb. 1).
Alle vier Ecken zu der entstandenen Mittellinie hin umbiegen (Abb. 2).
Nun der Länge nach zusammenklappen und auf halber Höhe falten (Abb. 3).
Von dieser Faltarbeit insgesamt 4 Stück anfertigen. Danach jeweils zwei zusammengefaltete Zeichenblätter ineinanderschieben (Abb. 4).
Auf halber Höhe umklappen (Abb. 5).
Die Spitzen der so entstandenen Teile ineinanderschieben, es bildet sich ein kleines Sichtfenster, welches nach dem Fotografieren zur Gänze geschlossen werden kann (Abb. 6).

Weiterführende Idee:

Ein Spieler hält den aus Papier gefalteten Fotoapparat verschlossen vor sein Gesicht. Ein zweiter führt nun den Fotografen zu einem beliebigen Motiv, dreht vorsichtig dessen Kopf in die richtige Position, so daß der Fotograf das Motiv gut durch seine Kamera sehen kann. Der Führende tippt nun dem Fotografen auf die Schultern und sagt: „Foto – klick!" Für einen Augenblick öffnet der Fotograf seine Kamera und prägt sich das Motiv ein. Der Fotograf entwickelt das Foto, indem er es zeichnet und die Zeichnung an der Wand bzw. im Freien auf einer Wäscheleine aufhängt.

Spielvariante:

Mehrere Motive (3 bis 5) werden nacheinander fotografiert. Dabei dürfen Fotograf und Führender nicht miteinander sprechen. Danach zählt sie der Fotograf in der richtigen Reihenfolge auf.

Hinweis:

Hat man keine Papierkamera zur Verfügung, so schließt einer während der Motivsuche seine Augen; dieser spielt nun die Kamera, der Führende ist nun der Fotograf. Bei „Foto – klick!" öffnet die Kamera kurz die Augen.

 **Faszinierende Farbspielereien**

## Farbtöne entstehen

Aus den Grundfarben Gelb, Rot und Blau ergeben sich durch das Vermischen neue Farbtöne:

Gelb und Rot = ?
Gelb und Blau = ?
Rot und Blau = ?

Zum Aufhellen einer Farbe Weiß, zum Dunklermachen Schwarz beigeben.

## Farbe pusten

Mit dem Pinsel Farbe aufs Papier tropfen und die Farbtropfen mit einem Trinkhalm auseinanderblasen.

Weiterführende Idee: Wasserstraßen-Pustespiel

Jeder Teilnehmer benötigt Zeichenblatt, Pinsel und Trinkhalm; die Malfarben benützen alle gemeinsam. In jede Ecke des Zeichenblattes wird ein kleines Haus gezeichnet. Danach gibt jeder das Blatt an seinen linken Nachbar weiter. Auf „Los!" setzt jeder in die Mitte des Blattes einen Farbklecks und versucht, durch Pusten in den Trinkhalm die vier Häuser so rasch wie möglich miteinander zu verbinden. Wem gelingt dies als erstem?

## Tanzende Lichter

Taschenlampen mit verschiedenfarbigen durchsichtigen Plastikfolien (Hefteinband) überkleben. Nun mit den Taschenlampen in einem abgedunkelten Raum auf die Wand oder Zimmerdecke leuchten. Dazu Musik anbieten!

Weiterführende Idee: Schattentheater mit bunten Lichtern

Aus einem Abstand von ca. 10 cm bis 2 m die Leinwand der Schattenbühne mit der Taschenlampe anstrahlen.

## Gold-Sgrafitto

Eine Glasscheibe mit schwarzer Plakafarbe bestreichen. In die getrocknete Farbe Muster oder ein Motiv kratzen und mit Gold- oder Silberfolie bzw. andersfarbigem Papier hinterlegen. (Das besondere Bild, ein hübsches Geschenk.)

## Frottage

Über einen geeigneten Gegenstand (z. B. Münze, Blatt, Baumrinde, gepreßte Blume,...) ein Zeichenblatt legen und mit weichem Bleistift, Buntstift oder Ölkreide abreiben. Die Umrisse sowie die Oberflächenstruktur kommen zum Vorschein. (Memories, Herbarien, Ratespiele usw. können mit Hilfe dieser Technik gestaltet werden.)

## Lichtmeditation

Auf die Arbeitsplatte eines Overhead-Projektors eine nach Möglichkeit geschliffene Glasschüssel, gefüllt mit etwas Wasser, stellen. Lampe einschalten und Schüssel vorsichtig bewegen. Auf der Projektionsfläche entsteht ein beeindruckendes Farbenspiel.

Zusätzlich können durchsichtige Farbfolien in oder auf die Schüssel gelegt werden. Dazu ansprechende Texte oder Musikstücke vortragen.

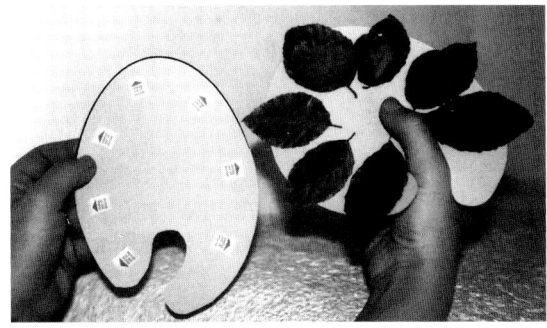

## Farbenvielfalt der Natur

Palette aus Karton zuschneiden, beidseitig reihum selbstklebende Fotoecken festkleben. Herbstblätter sammeln, evtl. farblich reihen und darauf festkleben. Feinste Farbnuancen (Grün – Gelb – Orange – Rot – Braun) wahrnehmen.

## Farben berühren

(Gesellschaftsspiel)

Alle Teilnehmer bewegen sich zu Musik frei im Raum. Beim Musikstopp stellt der Spielleiter unterschiedliche Aufgaben: mit der Hand etwas Blaues berühren, mit der Nasenspitze etwas Rotes, mit dem Knie etwas Gelbes berühren usw. Evtl. mehrere Aufgaben kombinieren.

## Schillernde Seifenblasen

Wasser, Seifenlauge und einige Tropfen Glyzerin vermengen. Drahtschlinge formen oder Daumen und Zeigefinger zu einem Kreis schließen, in die Flüssigkeit tauchen und, sobald sich ein Seifenhäutchen gebildet hat, blasen, bis sich zart schillernde Kugeln bilden.

Spielvariante:

Mit Trinkhalm in ein mit Seifenlauge gefülltes Glas blasen.

## Wenn zwei kleine Kieselsteine

Renate Steiner

(Farberkennungsspiel)

Wenn zwei klei - ne Kie - sel - stei - ne auf Ent - dek - kungs - rei - se
blei - ben plötz - lich al - le Leu - te ganz ver - wun - dert

geh'n, steh'n: Denn die klei - nen Kie - sel -

stei - ne tra - gen ro - te Stök - kel - schuh! Und sie

sin - gen und sie sprin - gen, ja, da lacht so - gar die Kuh!

## Spielmöglichkeit:

Die Farbe der Stöckelschuhe wird von Strophe zu Strophe variiert: Der Spielleiter zeigt ein Farbkärtchen oder Stofftuch, das die neue Farbe angibt.

# Allzweck-Klammerleine

Material:

Ein Stück Juteschnur oder Wäscheleine, Holz- oder bunte Plastik-
wäscheklammern, 2 Nägel,
Hammer

Anleitung:

Die Leine oder Schnur in der gewünschten Länge abschneiden und an jedem Ende eine Schlaufe machen, die gut verknotet werden muß. An einem geeigneten Platz einen Nagel in die Wand ein-
schlagen, woran man die erste Schlaufe einhängt. Nun den zweiten Nagel in die andere Schlaufe stecken und so an der Wand befestigen, daß die Schnur gut gespannt ist. Mit den Wäscheklammern Ansichtskarten, Fotos, Notizzettel, Zeichnungen, Rezepte,… festklammern.

Weiterführende Idee:

Schon mit einer einzelnen Wäscheklammer, die an eine Schnurschlaufe gebun-den wird, kann man Briefe, Zetteln, Fotos usw. aufbewahren.
Auch als kleines Überraschungsgeschenk gut geeignet, da es vielerlei Verwen-dungsmöglichkeiten bietet (Kinderzimmer, Küche, Büro, Schule, …).

## Beobachten

## Mein Spiegelbild

Zwei Spielpartner stehen einander gegenüber. Einer stellt einen Bewegungsab-lauf dar (z. B.: Eine Dame schminkt sich, Vater rasiert sich, Keks backen, …), der andere versucht gleichzeitig die Bewegungen genau nachzumachen.

## Kleine Naturstudie

Jeder erhält einen Sonnenblumenkern und betrachtet ihn genau. (Bei jedem Sonnenblumenkern verlaufen die weißen Streifen ein bißchen anders.) Nun deckt jeder seinen Kern ab und versucht, ihn aus der Erinnerung stark ver-größert aufzumalen. Danach mit dem Original vergleichen!

## Geheimnis eines Blätterhaufens

Um dieses Geheimnis zu erforschen, sind eine Lupe und, wenn möglich, ein Mikroskop von großem Vorteil. In einem herbstlichen, feuchten Blätterhaufen verbergen sich unzählige kleine Tiere. Diese gilt es zu entdecken. Zur Bestimmung der Tiere Fachliteratur anbieten! (Erforschungsgebiet verändern, z. B. Erde, Bachrand, Strauch, ...)

Weiterführende Idee: Stablupe

Eine kleinere Lupe wird an eine evtl. zuvor verzierte Kartonrolle mit Klebestreifen befestigt.

Die Stablupe ermöglicht ein konzentrierteres Schauen, da der Blickwinkel des Betrachters eingeengt ist.

## Vom Samen zur Pflanze

Beliebige Samen werden in die Erde gepflanzt und über einen längeren Zeitraum beobachtet. Das fortschreitende Wachstum kann man evtl. auch grafisch festhalten (Pflanzentagebuch führen). Besonders geeignet sind Kresse, Bohnen und Grassamen, da die Wachstumsveränderungen bereits innerhalb weniger Tage sichtbar werden.

## Schüttelgläser

Material:

Gläser mit Schraubverschluß, verschiedene kleine Gegenstände (Perlen, Steine, Strohhalmstücke,...), Wasser

Anleitung:

Das Glas wird mit Wasser gefüllt. Beliebige kleine Gegenstände werden in das Glas gegeben. Nun wird es fest verschlossen. Jetzt kann das Glas umgedreht oder geschüttelt werden. Je nach Beschaffenheit des Materials wird es an der Oberfläche schwimmen bzw. langsam oder schneller zu Boden sinken.

Weiterführende Idee:

Aus selbsthärtender Knetmasse kleine Objekte formen (z. B. Schneemann) und am Deckelboden festkleben. Wasser und etwas Glitter einfüllen (evtl. einen Schuß Spülmittel beigeben, wodurch der „Schnee" schweben kann), Glas fest verschließen.

## Schau

Renate Steiner

(Spiellied: Bewegungen zum Text passend ausführen)

1. Schau hin - auf, schau hin - un- ter, nun dreh dich her - um, schau nach hin - ten und nach vor - ne, doch fall da - bei nicht um!

Ref: Schau zwi - schen dei - nen Bei - nen durch, nun wack - le mit dem Schopf, un - glaub - lich, hei lu- stig, die Welt steht plötz- lich kopf!

Refrain: Schau zwischen deinen Beinen durch, nun wackle mit dem Schopf, unglaublich, hei lustig, die Welt steht plötzlich kopf!

2. Schaue links hin und rechts hin, nun schau rundherum,
   schaue hier hin, schaue dort hin, wer schaut, der ist nicht dumm!

## Zauberscheibe

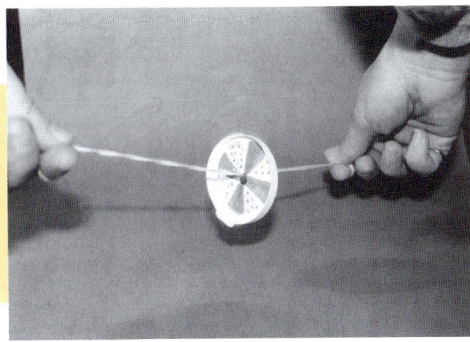

Material:

Plastikverschluß von Milchflaschen (Schulmilch oder Kakao) oder großer Knopf, Wollfaden, wasserfeste Filzstifte

Anleitung:

Die (für den Strohhalm) vorgestanzte Öffnung in der Mitte des Deckels wird durchstoßen und der Deckel nach Belieben bemalt. Dann fädelt man einen etwa 40 cm langen Wollfaden durch die Öffnung und nimmt je ein Ende in die Hand.

Spielmöglichkeit:

Laß den Faden durchhängen und drehe den Deckel mit Schwung, bis er rotiert. Dann zieh den Faden straff auseinander. Dabei beschleunigt sich das Kreisen der Scheibe um ein Vielfaches, und die aufgemalten Farben verändern sich.

 ## Erforschen macht Spaß

## Optische Spielereien

- Wenn du um dich schaust, kannst du viele Dinge sehen. Begib dich in einen Raum, den man völlig abdunkeln kann (evtl. Keller) und versuche nun, die dich umgebenden Dinge genau zu betrachten. Kannst du etwas sehen? Warum kannst du in einem völlig dunklen Raum nichts sehen?

- Nimm ein weißes Blatt Schreibmaschinenpapier und halte es in einem Abstand von ca. 20 cm vor eine Lampe. Schiebe hinter das Blatt deine Hand oder verschiedene Gegenstände und betrachte das Blatt. Was siehst du auf dem Blatt?

- Kannst du sehen, was hinter deinem Rücken passiert, ohne dich dabei umzudrehen? Diese Frage kannst du auch deinen Freund stellen. Du brauchst allerdings einen Handspiegel und genügend Licht, damit dir dieses Kunststück gelingt. Dein Spielpartner stellt sich im Raum einige Meter hinter dir auf und macht verschiedene Bewegungen, die du mit Hilfe des Spiegels sehen und beschreiben kannst. Der Zahnarzt und jeder Autofahrer verwendet einen Spiegel in der gleichen Weise.

- Möchtest du dich öfter als einmal im Spiegel sehen, benötigst du zwei Spiegel, einen größeren und einen Handspiegel. Stell dich vor den großen Spiegel und halte den kleineren etwa in Mundhöhe vor dein Gesicht (die Spiegelfläche ist dem großen Spiegel zugewandt). Nun schau in den großen Spiegel. Wie oft kannst du dich sehen? Warum?

- Sicher hast du schon einmal einen Regenbogen gesehen.

  Bemale eine weiße Kartonkreisscheibe mit sechs Farben (siehe Abb.). In der Mitte der Scheibe schiebe ein Holzstäbchen durch und fixiere dieses gut. Versetze nun diesen Kreisel in Drehung. Was passiert mit den Farben? Welche Farbe kannst du wahrnehmen?

  *(Weißes Licht läßt sich in die Regenbogenfarben zerlegen – wie es beim Regenbogen der Fall ist –, es kann aber auch aus den Regenbogenfarben zusammengemischt werden.)*

56

- Mit Hilfe eines besonderen Sehrohres (Periskop) kannst du U-Boot spielen. Besorge dir dafür Karton, zwei gleich große rechteckige Taschenspiegel, Schere, Klebstoff und ein Lineal. Nun bastle aus dem Karton das Gestell des Sehrohres, die Länge beträgt ca. 50 cm, die Breite und die Tiefe richten sich nach dem Taschenspiegel.

  Schneide im unteren Bereich des Gestelles in der Breitseite ein kleines Fenster aus, bringe in den Seitenwänden in gleicher Höhe jeweils schräg einen Schlitz passend zu der Größe des Spiegels an (siehe Skizze). Schneide nun ebenso im oberen Bereich des Gestelles, jedoch in entgegengesetzter Richtung, das zweite Fenster aus und bringe die beiden Spiegelschlitze an. Schiebe in die Schlitze jeweils einen Taschenspiegel, das Sehrohr ist fertig.

  Wenn du nun beim unteren Fenster hineinschaust, kannst du deine Sehhöhe vergrößern!

- Stich mit einer Stecknadel ein kleines Loch in schwarzes Tonpapier. Halte es ganz nah vor dein Auge und versuche nun, einen kleingedruckten Text zu betrachten. Wie wirkt die Schrift?

## Optische Täuschungen

- Rolle ein Zeichenblatt zusammen und schaue mit dem rechten Auge durch die Rolle. Die geöffnete linke Hand halte mit gespreizten Fingern neben die Rolle. Was siehst du nach einiger Zeit?

*(Es scheint, als wäre ein Loch in deiner linken Hand: Jedes einzelne Auge nimmt Eindrücke wahr, erst im Gehirn werden diese zu einem gemeinsamen Bild zusammengefügt.)*

- Betrachte das Bild genau! Welche Farben erkennst du?

  *(Das Grau, welches man an den Kreuzungspunkten sieht, existiert nur im Gehirn, aber nicht am Papier.)*

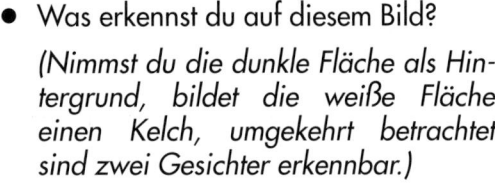

- Du siehst ein Fischgrätmuster. Es scheint, als ob auch alle Linien schräg verlaufen würden. Wie verlaufen sie aber wirklich?

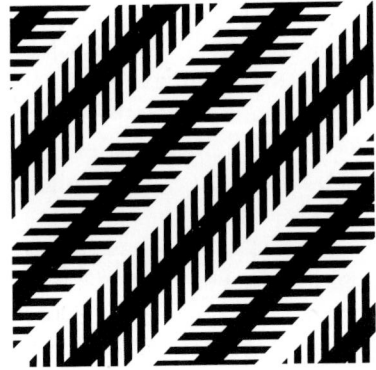

- Was erkennst du auf diesem Bild?

  *(Nimmst du die dunkle Fläche als Hintergrund, bildet die weiße Fläche einen Kelch, umgekehrt betrachtet sind zwei Gesichter erkennbar.)*

- Kennst du diesen Buchstaben? Er besteht aus zwei Linien. Welche Linie ist die längere? Kontrolliere genau nach und miß beide ab!

- Kopiere diese Scheibe (Benham-Scheibe) und schneide sie aus. Stecke sie genau im Kreismittelpunkt auf eine Bleistiftspitze und befestige sie an der Unterseite mit einem Klebestreifen. Rolle den Bleistift so zwischen deinen Händen, daß sich die Scheibe zu drehen beginnt.

  *(Es werden Farben sichtbar: Blau, Grün, Rot und bei langsamer Drehung Gelb. Dein Gehirn deutet die schwarzweißen bewegten Flächen und Striche zu Farbempfindungen um.)*

● Kopiere die beiden Bilder, lege sie genau übereinander und klammere sie an der oberen Kante aneinander. Beim oberen Bild befestige am unteren Kantenrand mit einem Klebeband einen Bleistift und rolle es leicht ein. Durch rasches Hin- und Herrollen scheinen sich die Bilder wie bei einem Film zu bewegen.

*(Die Bilder überlagern sich und verschwimmen ineinander.)*

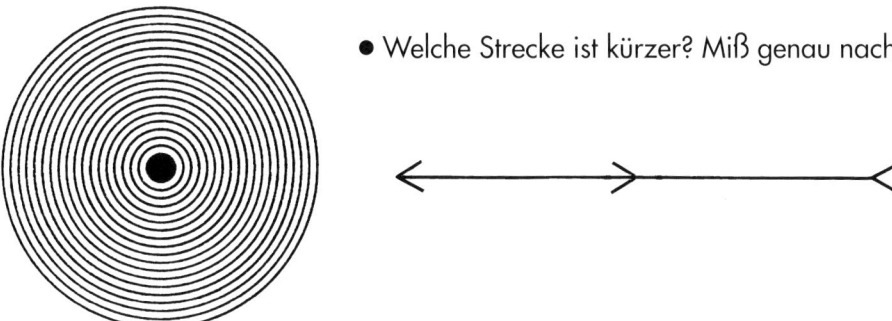

● Welche Strecke ist kürzer? Miß genau nach!

● Schiebe das Buch rasch kreisförmig rechts herum oder links herum.
*(Es scheint, als ob sich die Scheibe zu drehen beginnen würde.)*
Was siehst du, wenn du das Buch hin- und herschiebst?

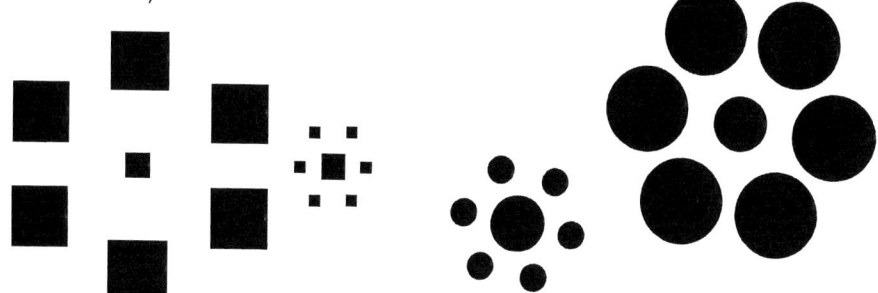

● Vergleiche die beiden inneren Vierecke bzw. Kreise. Welches Viereck bzw. welcher Kreis ist größer?

Kontrolliere deine Annahme und miß genau nach!

## Wiedererkennen

### Pantomime-Wettraten

Es werden zwei Gruppen gebildet. Der Spielleiter hat eine Liste mit beliebigen Wörtern vorbereitet. Jeweils ein Teilnehmer jeder Gruppe läuft zum Spielleiter, dieser flüstert ihnen das erste Wort der Liste ins Ohr. Beide laufen zu ihrer Gruppe zurück und stellen den Begriff dar. Alle übrigen müssen nun das geflüsterte Wort erraten. Wer es errät, läuft zum Spielleiter, um das nächste Wort zu erfahren. Sieger ist die Gruppe, die als erste alle Wörter erraten hat.

### Reimpantomimen-Kette

Alle Spieler bilden einen Kreis. Der Spielleiter in der Kreismitte stellt ein Wort dar, z. B. „stehen". Wer als erster errät, was der Spielleiter darstellt, sucht ein neues, sich darauf reimendes Wort und stellt es seinerseits pantomimisch dar (z. B. stehen – sehen – drehen).
Ist eine Wortgruppe reimlich erschöpft, eröffnet ein anderes Wort die Reimkette (z. B. taufen – kaufen – raufen – laufen – saufen; singen – springen – klingen – ringen).

### Scharade

Es muß von den Mitspielern ein Wort erraten werden, welches, in seine Silben oder Teile zerlegt, mimisch dargestellt wird. Der jeweilige Sieger darf das nächste Silbenrätsel darstellen.

Themenvorschläge: Autoreifen, Strampelhose, Blumenvase, Suppenlöffel, Hühnerstall,...

Spielvariante:

Der zu suchende Begriff wird umschrieben (z. B. hohes Gebäude = Turm; man trägt es auf der Hand = Uhr; der gesuchte Begriff ist „Turmuhr").

### Gut getarnt

In einem begrenzten Gebiet (kleine Waldlichtung, Gemüsegarten, ...) werden vom Spielleiter 5 bis 10 Gegenstände geschickt verteilt, die jedoch normalerweise dort nicht zu finden sind (Apfel am Tannenbaum, Muschel im Gras, Kartoffel am Strauch, ...). Wer entdeckt alle und kann sie aufzählen oder aufschreiben? Während des Suchens darf nicht gesprochen werden. An entdeckten Gegenständen möglichst unauffällig vorbeigehen!

## Wer suchet, der findet

Die Spieler erstellen zuerst eine Liste mit Dingen, die sie im Freien suchen wollen, z.B.:

> etwas Flauschiges
> etwas Hartes
> etwas Rundes
> etwas Natürliches, das nützlich ist
> zwei gleiche, kleine Dinge
> drei vom Menschen hinterlassene Dinge
> usw.

Die Spieler gehen einzeln oder in kleinen Gruppen suchen. Aus den gefundenen Gegenständen können z. B. Plakate zum Thema Umwelt gestaltet werden; man kann sie für Tastspiele einsetzen oder zum Basteln verwenden usw.

## Die berühmteste Malerin

Renate Steiner

(Kreisspiel mit Pantomime)

Spielanleitung:

Ein Kind, das die Malerin Frau Kritzelkratzelbein darstellt, steht in der Mitte des Kreises, die anderen Kinder halten einander an den Händen und gehen um die Malerin herum. Bei „Voller Neugierde ..." bleiben alle stehen. Die Malerin denkt sich inzwischen ein Ding aus (Frosch, Schifahrer, Sessel, Haus, weinendes Kind ...). Danach sagt sie: „Das ist mein neuestes Gemälde!" Pantomimisch versucht sie nun, dieses Ding darzustellen. Das Kind, das als erstes errät, was Frau Kritzelkratzelbein darstellt, übernimmt die Rolle der Malerin.

## Wahrnehmen und reagieren

### Luftballonspiel

Jeder Mitspieler bemalt einen aufgeblasenen Luftballon oder schreibt seinen Namen darauf. Danach wird bei Musik mit den Ballons gespielt. Bei Musikstopp fängt jeder einen Ballon und sucht nun denjenigen, dessen Gemälde oder Namenszug er gerade in den Händen hält.

### Mein Haus, das hat fünf Fenster

(Melodie von „Ein Vogel wollte Hochzeit machen")

Mein Haus, das hat fünf Fenster, fünf Fenster hat mein Haus.

Refrain: Fi-di-ral-lal-la, fi-di-ral-lal-la, fi-di-ral-lal-lal-lal-la.

Spielmöglichkeit:

Bei „Fi-di-ral-lal-la, ..." drehen sich alle Kinder im Kreis herum. Bei der Wiederholung des Liedes soll das Wort „mein" durch ein Handzeichen ersetzt werden. Beim Refrain wird weitergetanzt. Bei der folgenden Wiederholung werden die Wörter „mein" und „Haus" durch Handzeichen ersetzt. Das Lied wird so oft wiederholt, bis fast der gesamte Text pantomimisch dargestellt wird:

| | | |
|---|---|---|
| Mein | = | mit der Hand auf sich selber zeigen |
| Haus | = | mit schräggestellten Händen einen Dachgiebel bilden |
| fünf | = | fünf ausgestreckte Finger in die Höhe strecken |
| Fenster | = | mit Daumen und Zeigefinger beider Hände einen Fensterrahmen darstellen |

Das Lied kann immer rascher gesungen werden. Wer sich irrt, scheidet aus oder gibt ein Pfand her.
Erfinde weitere Strophen, z.B. „Vier Räder hat mein Auto, mein Auto hat vier Räder".

 ## Konzentrieren und merken

### Guck darunter

(Natur-Memory-Spiel)

Zuerst je zwei gleichaussehende kleinere Samen, Früchte, Blätter, Kerne oder Steine suchen und jeweils unter einen Joghurtbecher legen. Reihum hebt jeder Spieler je zwei Becher hoch. Wer zwei gleiche Dinge findet, darf diese zu sich nehmen und zwei andere Becher aufheben. Sonst kommt der nächste an die Reihe. Wer findet die meisten Paare?

## Memory-Spiel

(selbst gezeichnet)

Kinder, die gerne zeichnen, können ihr persönliches Memory herstellen. Dafür braucht man einen kleinen Notizblock, Durchschlagpapier, Schere, Klebstoff und Bieruntersätze.

Das Durchschlagpapier zwischen zwei Zeichenblätter einlegen und Motive zeichnen. Sind nun genügend Bildpaare vorhanden, werden diese der besseren Stabilität wegen auf die Bieruntersätze geklebt. Gespielt wird nach der gleichen Regel wie bei „Guck darunter".

Hinweis:

Statt die Zeichnungen mit Durchschlagpapier zu vervielfältigen, können sie auch kopiert werden.

## Schau genau

Verschiedene Gegenstände (Buntstift, Schere, Baustein, Papier, ...) werden auf ein Tablett gelegt und ca. 30 Sekunden betrachtet. Danach wird das Tablett zugedeckt. Ein Spieler soll nun möglichst viele Gegenstände nennen.

Spielvarianten:

- Reihum benennt jeder Spieler einen Gegenstand, den er sich gemerkt hat. Wer keinen neuen Gegenstand mehr nennnen kann, sagt: „Ich passe!" und scheidet aus der Spielrunde aus.
- Was fehlt? / Was kommt hinzu?
  Hier verändert der Spielleiter die Anzahl der Gegenstände, die fehlenden oder die neu hinzugekommenen sollen genannt werden.

## Detektiv

Je zwei Spieler sitzen einander stumm gegenüber und betrachten einander kurze Zeit. Danach drehen sich beide um und verändern an sich 3 bis 5 Dinge. Anschließend nehmen sie wieder genau die gleiche Haltung ein wie zuvor. Wer kann aufzählen, was der Partner an sich verändert hat?

## Mimische Kette

3 bis 5 Spieler verlassen kurz den Raum. Währenddessen denkt sich ein anderer Spieler eine Szene aus (Unfall, Zahnarzt, zu Bett gehen ...). Ein Spieler wird wieder hereingeholt. Ihm wird nun die Szene vorgespielt, die er anschließend seinerseits an den nächsten weitergeben soll.

Am Ende wiederholt nochmals der erste Spieler für alle seine Originalversion, da sich wahrscheinlich Verschiebungen ergeben haben.

**Differenziertes Sehen – Verstehen – Lesen**

## Vorstell-Spiel

Jeder Teilnehmer zeichnet auf ein Kärtchen (Klebeschild) seine Lieblingsfarbe (seine Familie, den Ort, wo er wohnt, sein Lieblingsspielzeug, sein Hobby ...) und schreibt evtl. seinen Namen dazu. Reihum erklärt jeder seine kleine graphische Darstellung und klebt das Schild gut sichtbar an seiner Kleidung fest.

## Suchbild

Zwei Zeichenblätter übereinanderlegen, dazwischen Durchschreibepapier legen. Nach Phantasie ein Bild gestalten. Anschließend Durchschreibepapier entfernen und nun bei einem der beiden Bilder 3 bis 10 Dinge verändern bzw. hinzufügen. Die Aufgabe des Spielpartners ist es nun, die Unterschiede zu finden und einzuzeichnen.

## Geheimschrift

1 Eßlöffel Salz in ein kleines Gefäß geben, ca. 2 bis 3 Eßlöffel Wasser hinzufügen und das Salz darin auflösen. (In warmem Wasser löst sich das Salz leichter auf.) Einen dünnen Pinsel in die Salzlösung tauchen und damit auf Papier malen oder schreiben. Papier trocknen lassen; das Bild bzw. die Schrift wird unsichtbar. Damit alles wieder zum Vorschein kommt, schraffiert man das Blatt vorsichtig mit einem Bleistift.

## Druckfehler

In einem kurzen Text haben sich die Wortzwischenräume verschoben. Wem gelingt es, den Text trotzdem zu entziffern?

LIE BEOM AVIE LE GRÜS
SEAU SDE MURL AUB
HIE RINSE EKIR CHEN
ISTDA SWETT ERSE HRSC HÖN
DERWAL LERS EEI STWA RM
UN DDERCAMP INGPL ATZ
SU PERVI ELEBU SSISE
ND ETDI RKUR TI

## Zeitung ordnen

Zwei Spieler erhalten je eine Zeitung mit gleicher Seitenanzahl. Die Blätter sind aber durcheinandergeraten. Wer hat als erster die Seiten wieder geordnet?

## Wer findet den Satz wieder?

Ein Spieler liest einen beliebigen Satz aus einer Zeitungs- oder Buchseite vor. Ein zweiter Spieler soll genau diesen Satz wiederfinden. (Zeit evtl. stoppen; es können auch zwei Spieler gleichzeitig suchen.)

## Vom Mund ablesen

Alle Spieler bilden einen Kreis. Einer nach dem anderen sagt stumm, aber mit deutlicher Mundbewegung seinen Namen, alle übrigen wiederholen ihn gemeinsam laut.

Spielvariante:

Einer der Gruppe nennt stumm ein Tier (oder Blume, Hauptwort, einen kurzen Satz, …) Wer es am schnellsten laut und richtig wiederholt, gibt nun stumm ein neues Wort vor.

 # Buchstaben als künstlerisches Ausdrucksmittel

## Tanzende Buchstaben

(Buchstaben als spielerisches Ausdrucksmittel)

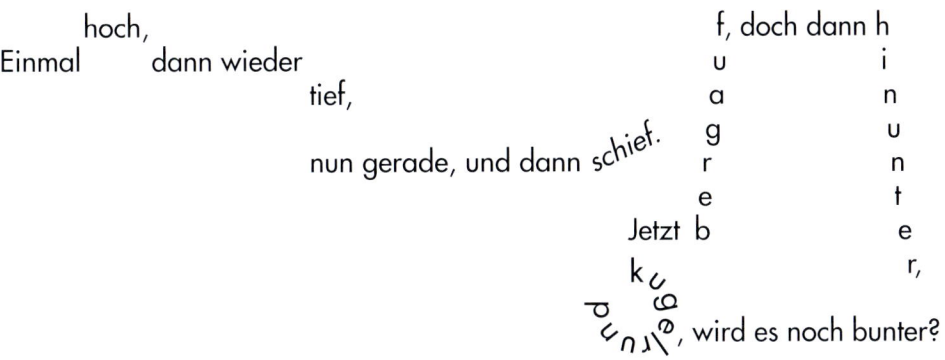

Plötzlich ganz GROSS, aber auch winzig klein.

Mit Buchstaben spielen – das kann lustig sein!

Renate Steiner

- Erfinde eine Zierschrift
- Gestalte deine persönliche Visitenkarte
- Zeichne dein Monogramm
- Erfinde ein Emblem
- Entwickle einen Werbeschriftzug, der ins Auge sticht

## Morseschrift

Das Morsealphabet wird aus Punkten und Strichen gebildet. Es dient zur Übermittlung von Botschaften, z.B. zwischen Schiffen, die mit Hilfe eines Morseapparates auf einen Papierstreifen aufgezeichnet werden. Ein Morsezeichen hat heute noch internationale Geltung: der Notruf SOS. Meist wird es durch Lichtzeichen dargestellt.

| | | | | | | |
|---|---|---|---|---|---|---|
| a | · − | j | · − − − | t | − |
| ä | · − · − | k | − · − | u | · · − |
| b | − · · · | l | · − · · | ü | · · − − |
| c | − · − · | m | − − | v | · · · − |
| ch | − − − − | n | − · | w | · − − |
| d | − · · | o | − − − | x | − · · − |
| e | · | ö | − − − · | y | − · − − |
| f | · · − · | p | · − − · | z | − − · · |
| g | − − · | q | − − · − | å | · − − · − |
| h | · · · · | r | · − · | é | · · − · · |
| i | · · | s | · · · | ñ | − − · − − |

| Zahlen | | | | | |
|---|---|---|---|---|---|
| | 1 · − − − − | 5 · · · · · | 9 − − − − · |
| | 2 · · − − − | 6 − · · · · | 0 − − − − − |
| | 3 · · · − − | 7 − − · · · | |
| | 4 · · · · − | 8 − − − · · | |

| Zeichen | | | |
|---|---|---|---|
| | Punkt · − · − · − | Fragezeichen | · · − − · · |
| | Komma − − · · − − | Notruf: SOS | · · · − − − · · · |
| | Doppelpunkt − − − · · · | Irrung | · · · · · · · · |
| | Bindestrich − · · · · − | Verstanden | · · · − · |
| | Apostroph · − − − − · | Schlußzeichen | · − · − · |
| | Klammer − · − − · − | | |

# Einschränkung des Sehvermögens – Blindheit

## Fehlsichtigkeit

Die häufigsten Augenfehler sind Kurzsichtigkeit, Weitsichtigkeit und Astigmatismus (Stabsichtigkeit).
Bei **Kurzsichtigkeit** ist der Augapfel zu lang, Dinge, die weiter entfernt sind, werden unscharf gesehen. Dieser Sehfehler kann mit einer Brille mit Konkavlinse korrigiert werden.
Bei **Weitsichtigkeit** ist der Augapfel zu kurz, nahe Gegenstände erscheinen unscharf (z. B. beim Lesen). Eine Brille mit Konvexlinse kann diese Fehlsichtigkeit ausgleichen.

Beim **Astigmatismus** ist die Hornhaut bzw. die Linse nicht regelmäßig gekrümmt. Objekte, egal in welcher Entfernung, werden unscharf gesehen. Zum Ausgleich werden zylindrisch geschliffene Gläser verwendet.

Mögliche Anzeichen, die auf Fehlsichtigkeit deuten:
Das Kind klagt häufig über Kopfschmerzen beim Lesen, Schreiben oder Zeichnen. Es erkennt ihm vertraute Personen erst wieder, wenn diese ganz nahe sind. Zur genauen Kontrolle Augenarzt aufsuchen. Mit Hilfe einer großen Buchstabentafel und verschiedener Untersuchungen kann er testen, wie gut man sieht.

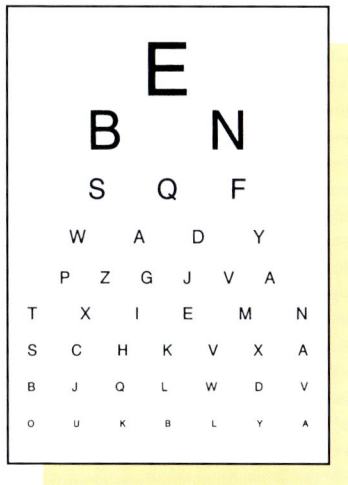

## Schielen

Befinden sich die Augen beim Betrachten von Dingen nicht im Einklang, erblickt der Betreffende zwei unterschiedliche Bilder, er sieht doppelt. Diese Fehlstellung des Auges kommt z. B. durch einen ungleichmäßigen Zug der Augenmuskel zustande. Wird das Schielen frühzeitig erkannt und behandelt, kann evtl. ein operativer Eingriff erspart werden. Das schielende Auge muß durch spezielle Übungen trainiert werden, das gesunde Auge wird zeitweilig abgedeckt. Kleine Schielwinkel lassen sich mit Prismen-Brillen beheben.

## Farbsehschwäche / Farbblindheit

Drei verschiedene Zapfenarten in der Netzhaut sind für das Farbensehen notwendig. Alle von uns gesehenen Farben entstehen durch die Mischung der drei Grundfarben Rot, Grün und Blau. Fehlt eine Zapfenart, ist der Betreffende für die entsprechende Farbe farbenblind. Am häufigsten tritt eine Rot-Grün-Blindheit auf, Rot- und Grüntöne können nicht wahrgenommen werden.
Da das Unterscheiden dieser Farben im Straßenverkehr lebenswichtig ist, wird jeder Führerscheinanwärter vom Arzt auf Rot-Grün-Blindheit getestet und untersucht. Die Farbenblindheit ist vererbbar, sie läßt sich durch keine medizinische Behandlung heilen. Speziell entwickelte Kontaktlinsen ermöglichen in manchen Fällen eine leichtere Unterscheidung der Farbtöne.

## Nachtblindheit

Menschen, die in der Dämmerung nicht gut sehen und besonders Grautöne nicht voneinander unterscheiden können, bezeichnet man als nachtblind. Dieser Augenfehler beruht darauf, daß die lichtempfindlichen Stäbchen in der Netzhaut nicht richtig funktionieren.

## Blindheit

Unter Blindheit versteht man eine starke Minderung des Sehvermögens, die bis zum völligen Verlust reichen kann. Sie kann auf angeborenen Fehlern am Auge, am Sehnerv oder im Gehirn beruhen. Auch als Folge von Krankheiten und Verletzungen kann Blindheit auftreten.

### So viele Fragen
Renate Steiner

(Fragen eines Blinden)

Mama,
was ist rot, gelb, grün und blau?
Mama,
was ist bunt, kariert, getupft und grau?
Mama,
sind Farben schön?

### Kannst du dir das vorstellen?
Renate Steiner

Er sieht den zwitschernden Vogel.
Er sieht den rauschenden Fluß.
Er sieht das lachende,
aber auch das weinende Kind
Er sieht seine fröhliche Mutter.
Er sieht in den Spiegel:
Er sieht nicht, daß er blind ist!

### Der Traum
Renate Steiner

In der Nacht
hatte ich die wunderschönsten
Dinge gesehen:
Blumenwiesen und Alleen,
Gartenzwerge und auch Feen,
eine gold'ne Pferdekutsche
und die lange Kinderrutsche!
Als ich in der Morgensonne erwachte,
war es um mich herum stockdunkel!

# RIECHEN

Würde mich
der Wind fragen
ich würde ihm sagen
wonach er riecht:
nach Regen!

# Lores Puppe

Eigentlich war es eine unscheinbare, kleine und einfache Puppe, die Lore zu ihrem vierten Geburtstag von ihrer Mutter geschenkt bekam. Es war eine Stoffpuppe, die Mutti für sie genäht hatte. Die Augen bestanden aus hellblauen Knöpfen, ihre Arme und Beine aus bunten Stoffmosaiken, und der Körper war mit kuschelweicher Seide überzogen. Darüber trug sie ein schlichtes weißes Kleid. Ihr Körper war mit Wollresten ausgestopft und war ganz weich. Deshalb drückte Lore sie so gerne an sich.

Das ganz Besondere an der Puppe jedoch war: Von ihrem Körper ging ein wunderbarer Duft aus. Lores Mutter hatte mit den Wollresten auch eine Handvoll Gewürznelken eingenäht, und die dufteten ganz herrlich.

Und gerade das liebte Lore an der kleinen Puppe über alle Maßen. Lore nahm sie abends immer mit ins Bett und drückte sie fest an sich. Dann umströmte sie dieser wunderbare Duft der Gewürznelken, den sie besonders genoß. Lore schlief mit dem Geruch ihrer Puppe ein und wachte morgens damit auf.

Im Spiel war die kleine Stoffpuppe Lores Baby. Und Lore hatte auch einen Namen für ihr Puppenkind, „Duftinchen" nannte sie das Baby liebevoll.

Lore fühlte sich wie eine richtige Mama, und sie sorgte auch dementsprechend für ihr Baby. Sie setzte Duftinchen aufs Klo, wenn sie glaubte, daß es sein mußte. Dann kam es ihr jedesmal vor, als rieche ihre Puppe ganz anders als sonst! Danach wickelte sie Duftinchen in kleine Windeln, zog sie an und zog sie aus und nahm sie überall mit hin. Wenn Lore ihre Freunde besuchte, hinterließ Duftinchen jedesmal diesen sonderbar guten Geruch nach Gewürznelken.

Eines Tages bekam Lore von ihrem Onkel eine größere Puppe geschenkt. Das war eine richtige Babypuppe, die viel echter aussah als die kleine Stoffpuppe. Wenn Lore die neue Babypuppe zurücklehnte, rief ihr rosa Mund: „Mami, Mami!"

Lore war begeistert. Sogar sprechen konnte die neue Puppe! Daß die neue Puppe nach Plastik roch, störte Lore nicht.

Sie setzte Duftinchen kurzerhand in den Kleiderkasten, ohne sich besondere Gedanken darüber zu machen. Von jetzt an war die neue Puppe ihr kleiner Liebling. „Mamipuppe" sagte Lore zu ihr.

So vergingen die Tage und Wochen.

Die kleine Stoffpuppe jedoch saß ganz alleine im Kasten und begann bitterlich zu weinen. „Wie kann Lore mich vergessen, sie hat mich doch so lieb gehabt", schluchzte sie, und die Tränen rollten aus den blauen Knopfaugen die Wangen hinunter und machten die roten Perlen ihres Mundes und ihr weißes Kleid ganz naß.

In letzter Zeit war Lore aber immer öfter aufgefallen, daß die neue Babypuppe nicht besonders gut roch. Sie bestand ja aus Plastik! Und Plastik riecht anders – anders als Duftinchen!

Eines Abends fiel ihr die kleine Stoffpuppe wieder ein, die sie zu ihrem Geburtstag geschenkt bekommen hatte. Sie wußte ja gar nicht mehr, wo sie sie hingetan hatte.

„Weißt du was", sagte sie zu ihrer Babypuppe, die neben ihr im Bett lag, „du bekommst ein Schwesterchen, dann bist du nicht mehr so alleine."

Und blitzschnell stieg Lore aus dem Bett und suchte im ganzen Zimmer nach ihrer kleinen, lieblichen Stoffpuppe. „Hier bin ich!" rief Duftinchen mit weinerlicher Stimme aus dem Kasten hervor und rieb sich die Tränen aus den blauen Knopfaugen.

In diesem traurigen Zustand fand Lore sie, verräumt ins äußerste Eck, im obersten Regal des Kastens. „Ooooch, wie konnte ich dich bloß vergessen?" nahm Lore sie behutsam in die Arme. „Wie weich und kuschelig du bist, komm her, mein Schatz!" Und sie legte sie zu sich und zu der anderen Puppe ins Bett. „Hast du geweint?" strich ihr Lore zärtlich übers Gesicht. „Sieh mal, du hast ein Schwesterchen bekommen", zeigte sie ihr die größere Babypuppe.

„Ihr werdet euch doch gut vertragen, oder nicht?" meinte Lore, während sie Duftinchen fest an ihre Nase drückte.

„Kommst du zu mir unter die Decke?" streichelte Lore sie und atmete den Duft ihres Körpers tief ein. Jetzt erst merkte sie, wie sehr ihr die kleine Stoffpuppe gefehlt hatte. Der Duft der Gewürznelken war zwar nicht mehr so intensiv wie früher, aber Lore konnte ihn immer noch gut riechen.

Dann knipste sie das Licht aus und drückte Duftinchen einen Kuß auf den Mund und versprach ihr, sie nie mehr in den Kasten zu stecken, wo sie doch eine so liebe und gut riechende kleine Stoffpuppe war!

# Der Geruchssinn

Das Riechen, also das Wahrnehmen von Düften, erfolgt über die **Nase.** Der Geruchssinn ist beim Menschen jedoch nicht so gut entwickelt wie bei vielen anderen Säugetieren, z. B. bei Hunden, Bären, Raubkatzen oder Hyänen, die bereits von weitem ihre Beute wittern können.

Stell dir vor, trotzdem kannst du bis zu 4000 Gerüche unterscheiden. Die Nase kann uns etwa Essensdüfte vermitteln, die den Appetit anregen, sie kann uns aber auch bei Brandgeruch eine drohende Gefahr signalisieren.

In der Luft, die man einatmet, befinden sich **Geruchs- und Aromastoffe.** Diese gelangen in den oberen Bereich der Nase, wo sich über der dritten **Nasenmuschel** das eigentliche Geruchsorgan befindet. Auf nur fünf Quadratzentimeter liegen hier die Sinneszellen, die die Aromastoffe erkennen und differenzieren können. Es sind nur die Stoffe für uns riechbar, die sich in der Nasenschleimhaut lösen und dort dementsprechende chemische Reaktionen hervorrufen. Dafür müssen sie wasser- oder fettlöslich sein. Werden die Sinneszellen durch einen Reiz aktiviert, leiten sie diesen Reiz ans Gehirn weiter, und erst jetzt können wir ihn bewußt wahrnehmen.

Am besten kannst du riechen, wenn du die Luft schnell in die Nase ziehst. Durch diese schnellen Atemzüge (Schnüffeln wie ein Hund) gelangt besonders viel Luft zu den Sinneszellen.

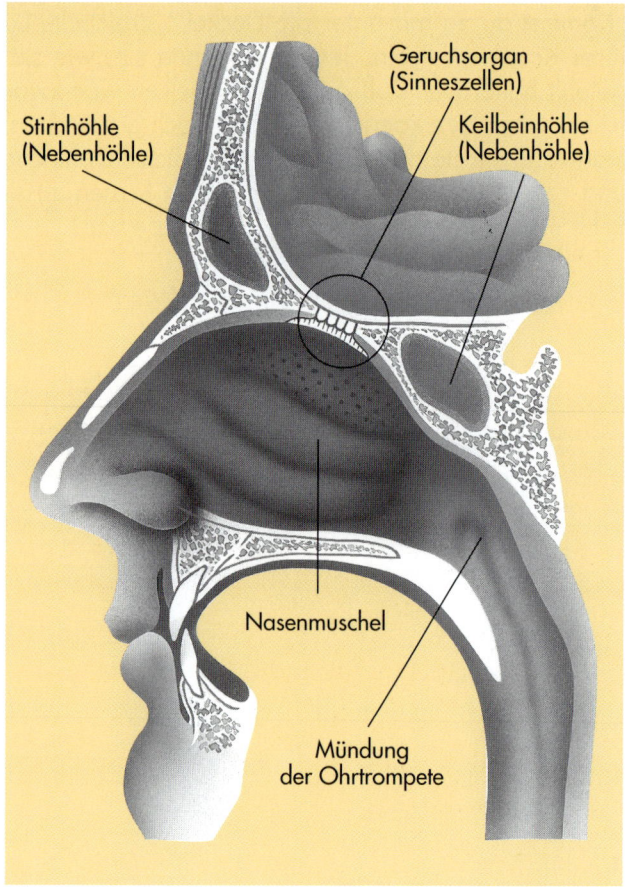

Geruchsorgan
(Sinneszellen)

Stirnhöhle
(Nebenhöhle)

Keilbeinhöhle
(Nebenhöhle)

Nasenmuschel

Mündung
der Ohrtrompete

# Kann das Ungeborene
# auch schon riechen?

In ersten Ansätzen ist die Nase bereits am Ende des zweiten Schwangerschaftsmonates erkennbar. Dann ist bereits auch das Geruchsorgan mit den Sinneszellen vorhanden. Zwischen dem 6. bis 8. Schwangerschaftsmonat reift der
Geruchssinn aus. Das Riechen ist aber wahrscheinlich erst nach der Geburt mit
der Luftatmung möglich.

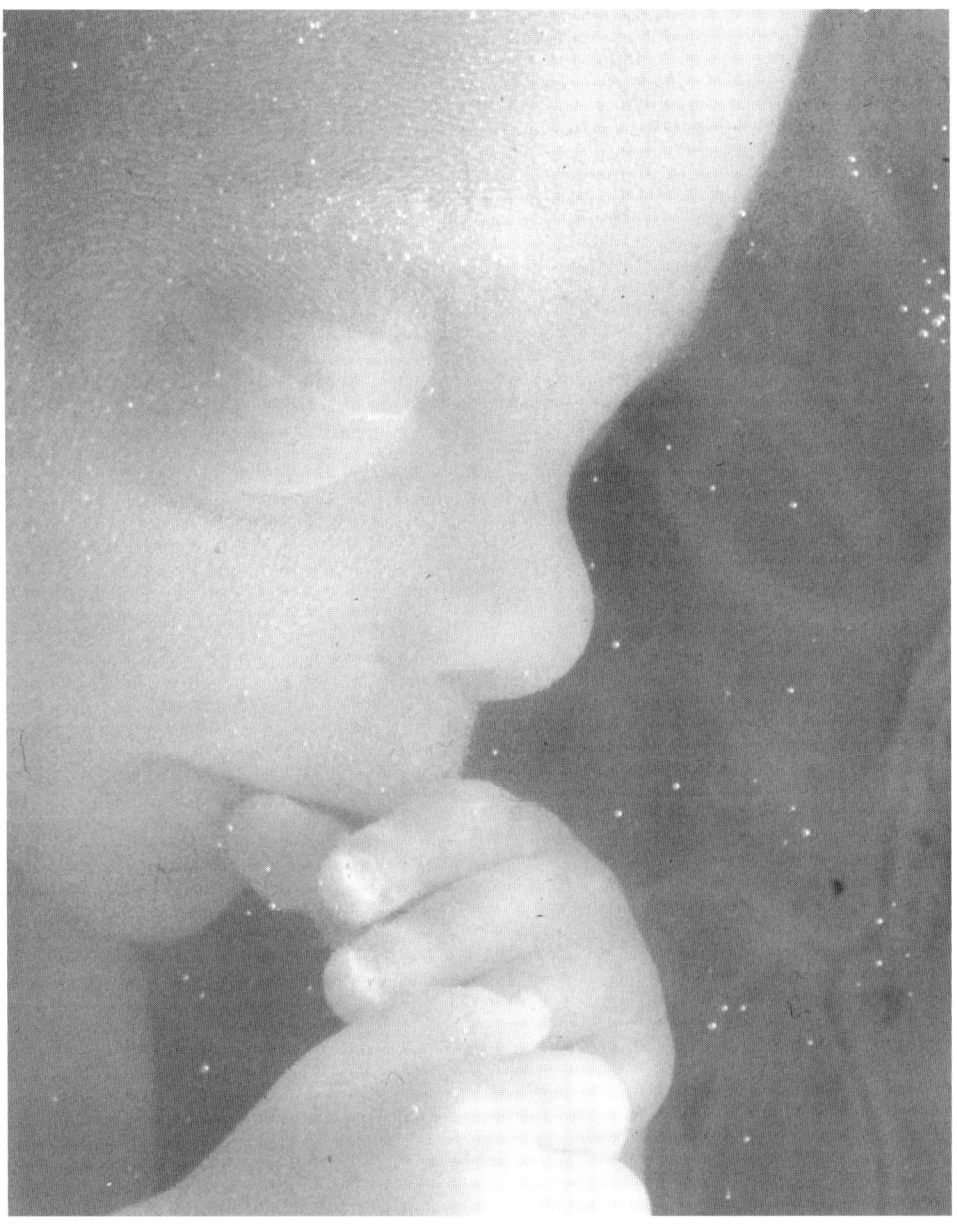

# Erlebnisfeld Riechen

## Vom Säugling zum Kleinkind

Bereits wenige Tage nach der Geburt erkennt das Baby den Körpergeruch der Menschen, die mit ihm umgehen.

Das Kind erlebt bald auch seinen eigenen Geruch als vertraut, z. B. an seinem Schmusetier. Deswegen drückt es auch z. B. seinen Kopfpolster immer wieder an sich. Durch das Waschen dieses Gegenstandes geht dieser Duft verloren; es kann passieren, daß das Kind ihn nicht mehr als vertraut erlebt.

## Erste Spielimpulse
## zur Förderung der Sinnesbildung

### Seifen und Badezusätze

Es gibt sie in den unterschiedlichsten Duftrichtungen: Kamille, Lavendel, Rosmarin, Fichtennadel, Honig, ...

Nicht alle angepriesenen Produkte sind empfehlenswert, Fachberatung einholen!

### Duftendes Tuch

Einige Tropfen eines Parfums von Mama oder einige Tropfen von Papas Rasierwasser auf ein Kopftuch träufeln. Vielleicht wird es zum Lieblings-Schmusetuch, oder es tröstet, wenn die Eltern abends ausgehen?

### Beim Bäcker

Renate Steiner

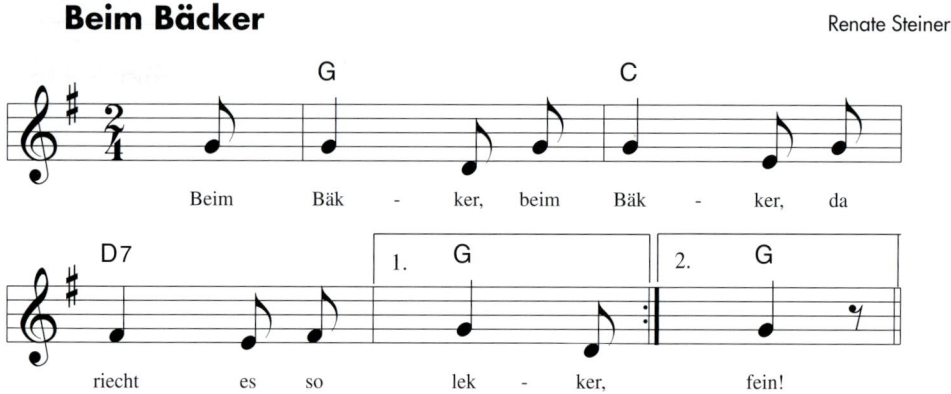

Beim Bäk - ker, beim Bäk - ker, da
riecht es so lek - ker, fein!

Es riecht nach ...? (frischem Brot, Faschingskrapfen, Apfelstrudel, Vanillekipferl,....).

# Gerüche bewußt wahrnehmen

## Den Duft des Sommers ernten

### Duftschale

Getrocknete Blütenblätter und Blätter (z. B. einer Rose) werden in ein offenes Gefäß gelegt. Über längere Zeit verbreiten sie einen angenehmen Duft. Ist dieser entwichen, gibt man einige Tropfen eines Rosenöles (in Drogerien erhältlich) darüber. So eine Duftschale eignet sich gut als natürlicher Luftverbesserer für den WC-Bereich.

Für eine Duftschale kann man auch Blätter von Lorbeer, Zitronenmelisse, Pfefferminze, Myrthe, Rosmarin, Zitronenstrauch und Salbei verwenden. Auch die Blüten von Veilchen, Sommerjasmin, Maiglöckchen, Lavendel, Pfefferminze, Kamille, Pfeifenstrauch und Nelke verströmen einen angenehmen Duft. Von den Gewürzen kommen Koriander, Muskatnuß, Anis, Nelkenpfeffer oder Vanilleschoten in Frage.

### Kräuterstube

Mit Hilfe von leeren Obststeigen, Körben, Gläsern, einer Waage usw. kann eine Kräuterstube eingerichtet werde. Zum Riechen eignen sich unter anderem:
Samen: Anis, Fenchel, Hopfen, Kümmel, Senfkörner, Selleriesamen, Dillsamen, Muskatnuß
Beeren: Holunder, Heidelbeeren, Wacholder
Blüten: Veilchen, Lindenblüten, Hollerblüten, Melisse, Pfefferminze, Kamille, Majoran
Blätter: Lorbeer, Thymian, Liebstöckel, Petersilie, Oregano, Majoran
Die Kräuter auch zum Kochen verwenden oder Tees daraus zubereiten!

## Aus der Kräuterküche – Rezepte für das Wohlbefinden

### Tee für jede Tageszeit

> Zutaten:
>
> 50 g Johanniskraut, 50 g Melisse

Zubereitung:

Pro Tasse einen gehäuften Teelöffel Johanniskraut und Melisse mit kochendem Wasser überbrühen, fünf Minuten bedeckt stehen lassen und abseihen.

Diese Teemischung kann sowohl morgens als auch abends genossen werden; sie hat eine leicht beruhigende Wirkung.

## Gute-Nacht-Tee

Zutaten:

45 g Hopfen, 45 g Melisse,
10 g Lavendel

Zubereitung:

siehe Tee für jede Tageszeit

Hinweis:

Dieser Tee soll eine halbe Stunde vor dem Schlafengehen schluckweise getrunken werden. Er stimmt positiv auf einen erholsamen Schlaf ein.

## Erkältungskräuterkissen

Zutaten:

60 g Quendel, 50 g Salbei,
40 g Pfefferminze, 30 g Eukalyptus,
20 g Thymian

Anleitung:

Die Kräutermischung in ein Kissen (ca. 25 x 40 cm) füllen, Kissen zunähen und in einen waschbaren Baumwollbezug stecken.
Das Erkältungskräuterkissen im Bett auf den Kopfpolster legen. Während des Schlafens werden durch die Körperwärme ätherische Öle freigesetzt. Das Einatmen wirkt wie eine sanfte Inhalation und befreit die Atemwege. Das Kissen behält seine Wirksamkeit ca. 6 bis 8 Wochen.

## Riechfläschchen

Zutaten:

2 TL Kochsalz, 1/2 TL Zimt, 20 Tropfen Zitronen- oder Pfefferminzöl,
40 Tropfen Weingeist (90%)

Zubereitung:

Salz und Zimt vermischen, in ein Glas füllen, dann zuerst das Duftöl, danach den Weingeist dazugeben und gut schütteln. Etwas Watte in ein Fläschchen stecken und einige Tropfen daraufträufeln. Die Mischung verbreitet einen angenehmen Geruch, der beim Schnuppern so belebend wirkt wie einst Omas Riechfläschchen.

## Für kleine und große Gärtner

### Minigewächshaus

Material:

Gemüsekiste, Folie, Blumenerde, Holzleisten, Nägel, Saatgut

Anleitung:

Aus Holzleisten einen Rahmen basteln, der mit Folie überzogen wird und auf die Gemüsekiste paßt (siehe Abb.).
Die Holzsteige mit Folie auslegen, Erde einfüllen und Saatgut laut Beschreibung anbauen. Ein sonniger Fensterplatz genügt bereits, damit Kresse, Petersilie und andere Küchenkräuter gedeihen.

### Kräuterspirale

Material:

Natursteine, Erde, Bauschutt, Kompost, Sand, Folie, Samen oder Jungpflanzen

Anleitung:

Die Kräuterspirale ist ein Hügelbeet, auf dem dank seines speziellen Aufbaus unterschiedliche Küchenkräuter auf kleinstem Raum gezogen werden können: Einen 2m langen und sonnigen Platz auswählen, kreisförmig ausstecken. Die oberste Bodenschicht spatentief abtragen, die Grube mit Bauschutt auslegen. In der Mitte beträgt die Höhe des Bauschutthaufens ca. einen halben Meter.

Darüber am unteren Teil der Spirale eine Schicht Komposterde auftragen, die anschließend in ein Erde-Sand-Gemisch (1:1) übergeht. Danach größere Natursteine schneckenförmig um den Hang bauen.

Am Südende des Hügelbeets ein 80cm tiefes Loch ausheben und mit Teichfolie auslegen. Auf der der Spirale zugewandten Seite die Folie mit Erde aufschütten; durch die Kapillarwirkung entsteht ein feuchter Bereich.

Den Boden des Folientümpels mit einem Sand-Erde-Gemisch bedecken und den Tümpel mit Wasser füllen. Beim Bepflanzen besonders darauf achten, daß die Kräuter entsprechend ihrer Bedürfnisse an die richtige Stelle der Spirale eingesetzt werden (siehe Abb.).

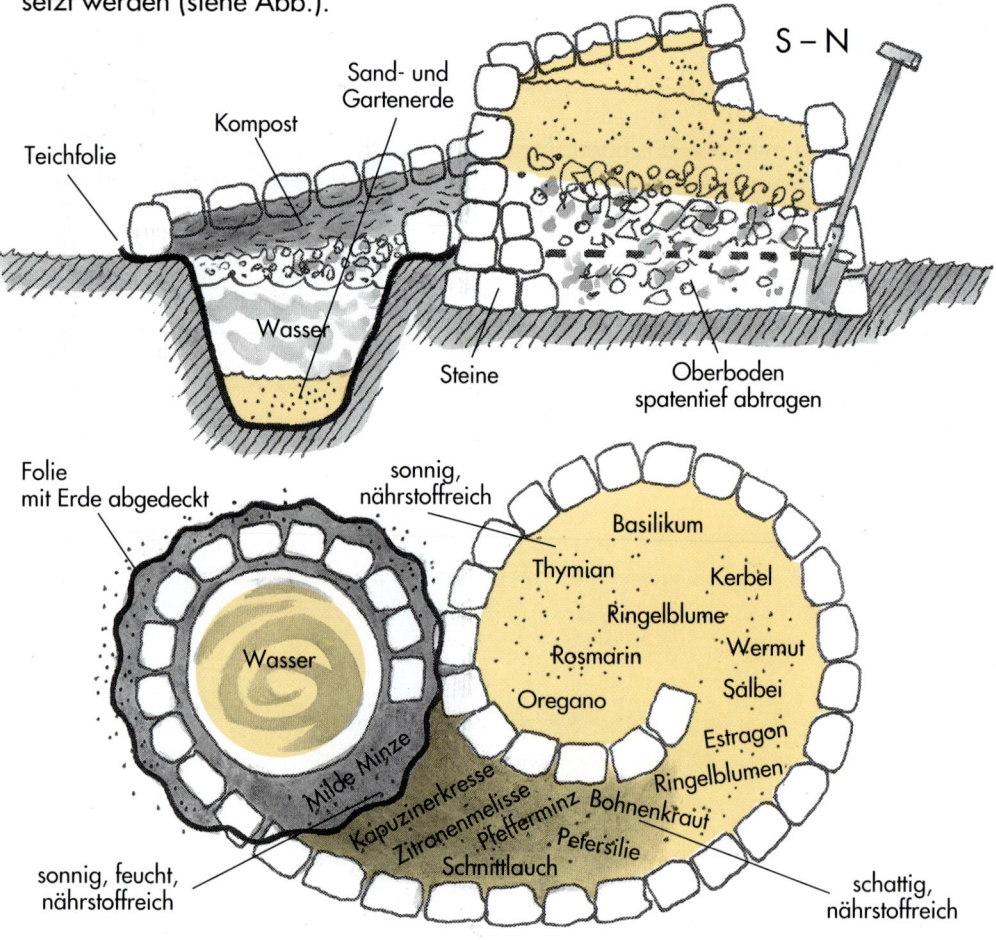

S – N

Teichfolie

Kompost

Sand- und Gartenerde

Wasser

Steine

Oberboden spatentief abtragen

Folie mit Erde abgedeckt

sonnig, nährstoffreich

Basilikum

Thymian

Kerbel

Ringelblume

Rosmarin

Wermut

Wasser

Oregano

Salbei

Estragon

Ringelblumen

Milde Minze

Kapuzinerkresse

Zitronenmelisse

Pfefferminz

Bohnenkraut

Petersilie

Schnittlauch

sonnig, feucht, nährstoffreich

schattig, nährstoffreich

Sobald Küchenkräuter wachsen, führe die Geruchsprobe durch! Zerreibe ein Blatt in der Hand und rieche daran.

## Duftende Geschenke

### Lavendelsträußchen

Material:

3 Wattekugeln, Blumendraht, Blumenmanschette, getrocknete Lavendelblüten (Drogerie), Klebstoff, Stoffband, evtl. Steckvogel und Gräser

Anleitung:

Die Wattekugeln mit Klebstoff bestreichen und in Lavendelblüten rollen. Jede Wattekugel auf ein Stück Draht (Stengel) stecken. Alle drei in die Blumenmanschette schieben, mit Gräsern, Stoffmasche oder kleinem Steckvogel verzieren. Die Drahtenden mit einem Band umwickeln.

### Orangenschalenkerze

Material:

Kerzenwachsreste, Docht (kleine Geburtstagskerze), ausgepreßte Orangenschalenhälfte, Blechdose, evtl. Orangenduftöl, Gardinenring

Anleitung:

Das Wachs vorsichtig in einer Blechdose (im Wasserbad) schmelzen (Achtung, Brandgefahr!). Die zuvor ausgepreßte Orange stellt die Gußform dar, in die in der Mitte eine kleine Geburtstagskerze oder ein Kerzendocht gehalten wird. Nun das flüssige Wachs in die Orangenschale füllen. Der Docht muß so lange gehalten oder mit einer Wäschklammer fixiert werden, bis das Wachs wieder gehärtet ist.

Hinweis:

Nach einiger Zeit trocknet die Schale der Orange und wird ganz hart. Trotzdem bleibt der Duft erhalten. Soll auch das Wachs riechen, so fügt man nach dem Eingießen des Wachses in die Orange einige Tropfen Duftöl hinzu. Als Kerzenhalter eignet sich ein Gardinenring aus Holz.
In gleicher Weise können Kerzen aus Zitronen oder Grapefruit hergestellt werden.

## Zitronenschweinchen

Material:

1 Zitrone, 2 Gewürznelken,
4 Streichhölzer oder Zahnstocher,
2 Mandeln, Wollfaden, Klebstoff

Anleitung:

Die beiden Gewürznelken auf der spitzeren Hälfte der Zitrone, die gleichzeitig den Rüssel bildet, in die Schale stecken; sie stellen die Augen dar. Als Ohren verwendet man Mandeln, die oberhalb der Augen in die Zitrone gesteckt werden. Die Streichhölzer dienen als Beine, als Ringelschwänzchen wird ein kurzes Stück Wollfaden auf der Zitrone angeklebt.

Hinweis:

Wird das Schweinchen als Glücksbringer (Neujahrsschweinchen) verwendet, so kann eine Münze in die Schale gesteckt werden.

Weiterführende Idee:

Einen Kasperl- oder Clownkopf, der aus einer Orange gebastelt und mit Namen versehen ist, kann anstelle eines Tischkärtchens bei Faschings- oder Geburtstagsfeiern aufgestellt werden.

## Duftpüppchen

Material:

Holzperle, Zahnstocher, Stoffrest, Borten, Wolle, Malfarben, Lavendelblüten

Anleitung:

Aus dem Stoff einen Kreis von etwa 20 cm Durchmesser schneiden. Den Rand 1 cm umlegen und mit kleinen Heftstichen fixieren. In die Mitte nun Lavendelblüten legen und den Stoff mit dem Heftfaden zusammenziehen. Der Holzperle ein Gesicht aufmalen, Wollhaare aufkleben (siehe Abb.). Kugel auf Zahnstocher stecken bzw. ankleben. Den Stoffbeutel ebenfalls auf den Zahnstocher montieren. Das Püppchen kann noch mit Borten und Spitzen geschmückt werden.

Weiterführende Idee:

Rosen- oder Lavendelblüten können auch in einen kleinen Polster (= Duftkissen) oder in ein Säckchen (= Duftbeutel) gefüllt werden. Die Stoffe können zuvor beliebig verschönert werden (bemalen, bedrucken, besticken …).

## Blühender Kaktus

Anleitung:

Einen kleinen Blumentopf außen mit Klebstoff bestreichen und mit Schnur umwickeln. In die Frucht einige Gewürznelken stecken; sie stellen die Blüten des Kaktus dar. Dann die Frucht auf den Blumentopf legen.

 **Düfte, die verzaubern und auch nach innen wirken**

## Anwendung ätherischer Öle in der Aromatherapie

Es werden flüchtige, stark riechende Öle verwendet, die aus Teilen von Pflanzen (Blüten, Samen, Blätter) gewonnen werden.
In die mit Wasser gefüllte Schale einer Duftlampe (erhältlich in Drogerien) werden einige Tropfen eines ätherischen Öles gegeben. Sie verdunsten durch die Wärme der Kerzenflamme. Das freigesetzte Aroma beeinflußt über den Geruchssinn unser Wohlbefinden.
Reine ätherische Öle sind in Apotheken und Naturkostläden erhältlich, wobei es unzählige verschiedene Duftrichtungen gibt.

## Anwendung ätherischer Öle im Bereich der Massage

Die Aktivierung von Geruchsinn und Tastsinn ermöglicht einen Entspannungszustand, in dem die Kraft der aromatischen Düfte besonders wirksam werden kann.
Öle wie Neroli (Orangenblüte), Lavendel, Majoran, Rose, Ylang-Ylang, Kiefer, Rosmarin, Pfefferminze und Jasmin werden gerne dafür verwendet.

## Kräuteröl

Zubereitung:

20 ml Mandelöl und 20 Tropfen Rosmarinöl in ein Fläschchen füllen. Fläschchen zuschrauben und gut schütteln.
Aufgrund der durchblutungsfördernden und anregenden Wirkung des ätherischen Rosmarinöls eignet es sich als Massageöl speziell bei Muskelkater und Verspannungen.

Hinweis:

Verwendet man anstelle von Rosmarinöl Eukalyptusöl, erhält man eine Einreibung gegen Hustenerkrankungen.

## Funkelnder Rauchkegel

Material:

Bastelfolie, Stopfnadel, Klebstoff, Teller, Räucherkerzen

Anleitung:

Halben Folienkreis zuschneiden und auf weiche Unterlage legen (Filz, Zeitungspapier). Mit Stopfnadel oder Stechaale Muster stechen. Halbkreis kegelförmig zusammenkleben, über eine angezündete Räucherkerze stülpen und auf einen Teller stellen. Durch die Löcher kann der duftende Rauch entweichen.

Weiterführende Idee:

Rundes Tonhaus mit Rauchabzug
(siehe „Spielend in den Herbst", Franz und Renate Steiner, VERITAS-VERLAG, Seite 46)

 **Gerüche wiedererkennen und zuordnen**

## Duftgalerie

Verschiedene Teesorten, Gewürze, Orangen- und Zitronenschalen usw. werden in kleine Gefäße gefüllt, die – zwecks Aufbewahrung – einen gut abdichtenden Verschluß haben (z.B. Gläser von Babynahrung). Mit verbundenen Augen soll nun an einem der geöffneten Gefäße gerochen werden. Der Spieler muß versuchen, diesen Duft richtig zu benennen. Flüssige Produkte (Essig, Wein, Kaffee, ...) auf Watte tropfen.

Spielvariante:

Auf eine unlackierte Holzkugel werden einige Tropfen eines Duftöls getropft. Dieses zieht rasch in das Holz ein. Mehrere verschieden duftende Kugeln werden einzeln in gut verschließbare Gefäße gelegt. Nun brauchen die Augen nicht verbunden werden!

Weiterführende Idee:

Legt man eine dieser duftenden Kugeln auf einen Teller oder in den Wäscheschrank, verbreitet diese einen angenehmen Geruch. Nach einigen Wochen erneut einige Tropfen Duftöl daraufgeben. Gut geeignet als kleines Geschenk.

## Riech-Quiz

Von 3 bis 10 Duftproben in einheitlichen Gefäßen wird eine einem Spieler, der die Augen verbunden hat, zum Riechen angeboten und danach wieder unter die anderen gestellt. Der Spieler soll nun versuchen, aus allen Duftproben die bereits gerochene herauszufinden.

## Geruchsmemory

Von jeder Duftnote werden zwei gleiche Proben angefertigt. Die Spieler versuchen nun, die Paare herauszufinden.

Hinweis:

Kleine Tonblumentöpfe mit Duft besprühen bzw. mit ätherischen Öl betropfen. Der Duft hält über mehrere Tage an.

## Geruchslotto

Verschiedene Duftstoffe sollen Oberbegriffen zugeteilt werden: Gewürze, Kräuter, Tees, Chemikalien (Reinigungsmittel), Duftöle, Gemüse, Obst, ...

## Duftstrümpfe

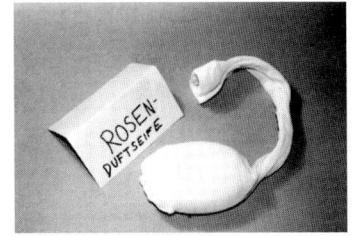

Unterschiedlich duftende Seifen (Maiglöckchen, Rose, Flieder, Honig, Apfel, ...) einzeln auf kleine Kartonkärtchen abreiben (Duft überträgt sich auf das Papier). Zur Kontrolle auf der Rückseite beschriften oder das entsprechende Blumenbild (aus einem Blumenkatalog) aufkleben.

Die Seife in einen dünnen Kniestrumpf stecken (die Seife kann so besser gehalten werden, und kleine Kinder können sie nicht so leicht abschlecken). Zur Kontrolle kann zusätzlich ein Namensschild beigefügt werden.

Zu erschnüffeln ist nun, welches Kärtchen zu welcher Seife paßt.

**Duftnoten differenzieren**

## Gerüche beschreiben

Zuerst eine Sammlung aus unterschiedlichen Parfumfläschchen zusammenstellen (Warenproben oder fast leere Fläschchen von Mamas oder Papas Düften; jeder Teilnehmer bringt einen Duft mit). Auf einzelnen Kärtchen werden nun Begriffe geschrieben, die den Duft zu charakterisieren versuchen: flüchtig, aggressiv, unbeständig, aufdringlich, duftig, kräftig, lieblich, leicht, warm, schwer, betäubend, streng, scharf, intensiv, bezaubernd, zart, herb, ranzig, belebend. Jeder Teilnehmer soll nun die Kärtchen den Duftrichtungen zuordnen.

## Rateleine

Die Beine dünner Strumpfhosen abschneiden und mit diversen Tees (Kräutern, Seifen, Gewürzen) füllen. Die Strümpfe an einer gespannten Leine festknoten.

**Es riecht ganz sonderbar**                                    Renate Steiner

Es riecht ganz son‑der‑bar, son‑der‑bar, son‑der‑bar, es
riecht ganz son‑der‑bar, es stinkt ganz fürch‑ter‑lich!

Spielmöglichkeit:

Im Anschluß an das Lied fragt der Spielleiter:
„Aber wonach?"
Die Spieler antworten z.B.: nach Fett, nach Zigarettenrauch, nach Auspuffgasen, nach Mist, nach Teer, nach Arznei, ...
Nach jeder Antwort das Lied wiederholen.

# Beeinträchtigung des Geruchssinnes

Scharfe Aromen können den Geruchssinn vorübergehend oder auch auf Dauer schwächen. Zum völligen Verlust kommt es nur in äußerst seltenen Fällen. Ständiges Zigarettenrauchen kann das Geruchsempfinden vermindern. Tritt eine Infektionskrankheit (Schnupfen, Nebenhöhlenerkrankung, Grippe, ...) auf, wird meist ebenfalls das Geruchsvermögen herabgesetzt.
Auch bei allergischen Reaktionen, die z. B. von Blütenstaub, Hausstaub oder Heu hervorgerufen werden, treten ähnliche Symptome wie bei Infektionskrankheiten auf: Die Schleimhäute der Nase werden gereizt, schwellen an und scheiden vermehrt Flüssigkeit aus.

# SCHMECKEN

Nichts schmeckt so gut
wie ein Wort
auf der Zunge
das man dem anderen
schenken möchte!

# Wup und Flup

Es war dunkel in der Höhle und roch nach modriger Erde. Nichts außer einem unentwegten Schmatzen war zu hören.

Einige Gänge führten in verschiedenen Richtungen zur Erdoberfläche hinauf.

„Hast du etwas aufgestöbert?" unterbrach der unter der Erde lebende, kleine Feinschmecker kurz sein Schmatzen.

„Nein", kam es zurück, „noch nicht, aber wenn ich mir den Braten vorstelle, läuft mir das Wasser im Mund zusammen!" Der zweite Feinschmecker des dunklen Reiches fuhr sich ungeduldig mit der Zunge über sein spitzes Näschen.

„Dann grab weiter", meinte Wup mit vollem Mund, und er genoß den letzten Bissen doppelt und dreifach. Langsam und bedächtig ließ er einen langen Wurm über seinen Gaumen gleiten, denn der hatte einen besonders guten Geschmack. Nicht jeder Wurm schmeckt gleich gut, einer schmeckt besser, der andere schlechter – das hing ganz davon ab, welche Sorte Wurm es war.

Kaum hatte Wup das letzte Stückchen hinuntergeschluckt, als er sich auch schon ans Werk machte, seinen frisch gegrabenen Gang zu vollenden.

Hin und wieder machten die beiden sich den Spaß und trieben einen Gang ins Freie, nur um zu wissen, welches Wetter draußen war. Umso spannender war es, wenn sie dabei auf einen guten Happen stießen, den sie verfolgen konnten, so wie gerade jetzt Flup.

„Wup, wo bist du?" forschte der hungrige Flup den finsteren Gang nach dem Leckerbissen ab. Flup konnte Wup nicht sehen, und Wup konnte Flup nicht sehen. Dazu war es viel zu finster hier unten.

Ihre Augen waren auch um einiges zu klein. Und teilweise sogar von schwarzem Fell verdeckt. Dafür konnten sie aber um so besser riechen, hören, tasten und auch schmecken.

Diese besonderen Fähigkeiten kamen ihnen im Finstern zugute. Mit ihren spitzen Näschen rochen sie so manches, was sich zu ihrer Gaumenfreude zu ihnen hinunter verirrt hat. Deshalb gab es von Zeit zu Zeit immer wieder einen besonderen Festschmaus.

Niemand kann sich wohl vorstellen, wie gut eine Feldmaus schmeckt oder gar eine Schnecke, wenn er sie sich noch nie auf der Zunge hat zergehen lassen. Von den anderen vielen Delikatessen unter der Erde ganz zu schweigen!

Mit ihrem Körper konnten sie die kleinste Erschütterung der Erde spüren, wenn sich etwas bewegte. Flup tastete sich geräuschlos den dunklen Gang entlang. Irgendwo da vor ihm mußte ein Würmchen im Erdreich stecken. „Na, warte nur, ich werde dich schon finden", versuchte Flup emsig mit seinem schnuppernden Näschen den guten Braten zu finden. Dann wühlte er hurtig weiter und wurde dabei immer hungriger. Ungeduldig trieben beide ihre neu angelegten Gänge vorwärts, indem sie mit ihren kurzen Vorderbeinen die Erde wie mit Grabschaufeln herauswühlten und nach oben scharrten.

„Blubb-blubb-blubb", hörte Wup Flup aus dem Nebengang ächzen. „Hast du es endlich?" rief er.

„Nein", antwortete Flup enttäuscht und – schwuppewupp – war sein zitterndes Näschen durch den Erdwall ins Freie gestoßen.

Im gleichen Augenblick kam auch Wup zum Vorschein, nur einen Maulwurfshügel weit entfernt. Verwundert sahen sich beide an. Nicht die geringste Spur von dem guten Happen war zu entdecken!

„Wo ist er bloß geblieben?" rief Flup aufgebracht.

Neugierig sahen sie sich um, so gut sie konnten. Aber sie sahen ja nicht viel mit ihren kleinen Äuglein.

Patsch, klatschte ihnen etwas auf die Nase und patsch, noch einmal. Dann ging es immer schneller.

„Wunderbar! Endlich kommt Regen!" jubilierte Flup. Und auch Wup freute sich schon auf die Regenwürmer, die der Regen aus ihren Verstecken lockte. Der herrliche Geschmack des Wurmes, den er gerade erst in seiner finsteren Höhle verspeist hatte, lag ihm noch auf der Zunge. Da bekam er gleich wieder Appetit. Aber vom Arbeiten bekommt man nicht nur Hunger, sondern auch Durst! Und Wup und Flup hatten mächtigen Durst.

Schnell hatten sie eine Wasserpfütze in der Nähe ausgemacht, aus der sie genüßlich schlürften. Das Regenwasser schmeckte ein bißchen anders als das Wasser im Teich, aus dem sie normalerweise tranken.

Und während sie am Rand der Pfütze ihren Durst stillten, kam auch schon ein Regenwurm aus der Erde. Schnapp, hatte Flup ihn schon im Maul und schnapp, hatte auch Wup einen Wurm erwischt, der sich verzweifelt hin und her wand.

Wup konnte es gar nicht erwarten, wieder unter der Erde zu sein, um diesen Leckerbissen in Ruhe zu verspeisen. Und hupp, war er weg, und Flup hinter ihm her!

Es dauerte nicht lange, und „aaah", hielt sich Wup den Bauch, und „mmmh", seufzte Flup überglücklich, während sie sich dem herrlichen Geschmack dieser delikaten Regenwürmer hingaben. Wie schön doch das Leben unter der Erde für so kleine Feinschmecker ist!

# Der Geschmackssinn

Die **Geschmacksknospen,** die uns Geschmacksempfindungen vermitteln, befinden sich auf der Zunge.

Betrachte deine Zunge mit Hilfe eines Vergrößerungsglases vor dem Spiegel: Die Zunge ist auf der Oberseite mit einer dicken Schleimhaut überzogen. Wenn du genauer schaust, so befinden sich darauf winzige Erhebungen, die man als **Papillen** bezeichnet.

Ob etwas salzig, süß, sauer oder bitter schmeckt, erfahren wir über die Geschmacksknospen, die sich auf den Papillen befinden.

Je nach Zungengebiet werden diese Empfindungen über verschiedene Nerven zum Gehirn geleitet, wo sie dann für uns bewußt werden, wodurch wir den jeweiligen Geschmack wahrnehmen können. Um schmecken zu können, brauchen wir aber auch den Speichel, in dem die Aromastoffe gelöst werde.

Da wir nur vier Geschmacksrichtungen unterscheiden können, tragen auch der Geruchssinn sowie der Tast- und Temperatursinn der Zunge zum Erkennen von Speisen und Getränken bei. Das Gehirn verarbeitet alle Informationen und ordnet diese einem bestimmten Geschmack oder Aroma zu. Auf der Zunge gibt es für jede **Geschmacksrichtung** ein abgegrenztes Wahrnehmungsgebiet:

- Süß nehmen wir vorwiegend mit der Zungenspitze wahr,
- salzig mit den Zungenrändern,
- sauer ebenfalls mit den Zugenrändern,
- bitter mit dem Zungenrücken.

Gleiche Speisen können unterschiedlich gut oder schlecht schmecken: Beeinflußt wird der Geschmack von Speisen z. B. von ihrem Aussehen, vom Geruch, der Temperatur oder Konsistenz (weich, hart, flüssig, ...). Außerdem spielen unsere eigenen Erfahrungen und die Eßkultur der Gegend, in der wir leben, eine große Rolle.

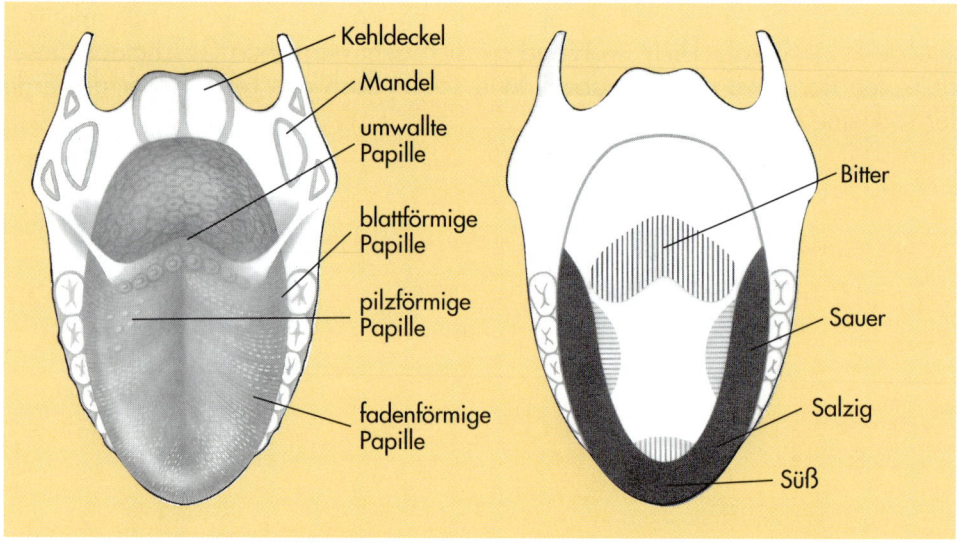

# Das Ungeborene kann schmecken

Schon am Ende des zweiten Monats lernt das Ungeborene schlucken und kann seinen Daumen in den Mund stecken. Ab dem 3. Monat sind die Geschmacksknospen ausgebildet, wodurch das Kind unterscheiden kann, ob etwas sauer, salzig, bitter oder süß schmeckt. Über die Nabelschnur, einer Verbindungsleitung zwischen deiner Mama und dir, hast auch du im Mutterleib deine Nahrung „automatisch" erhalten.

Sowohl das Trinken des Fruchtwassers als auch das Daumenlutschen können wahrscheinlich das Wohlbefinden des Kindes regulieren: Es trinkt mehr, wenn es unter Streß steht, es lutscht am Daumen, um sein inneres Gleichgewicht wieder herzustellen. Werden dem Fruchtwasser Bitterstoffe beigemengt, schneidet das Kind Grimassen und trinkt weniger oder gar nicht mehr. Bei Süßstoff hingegen trinkt es mehr und schneller.

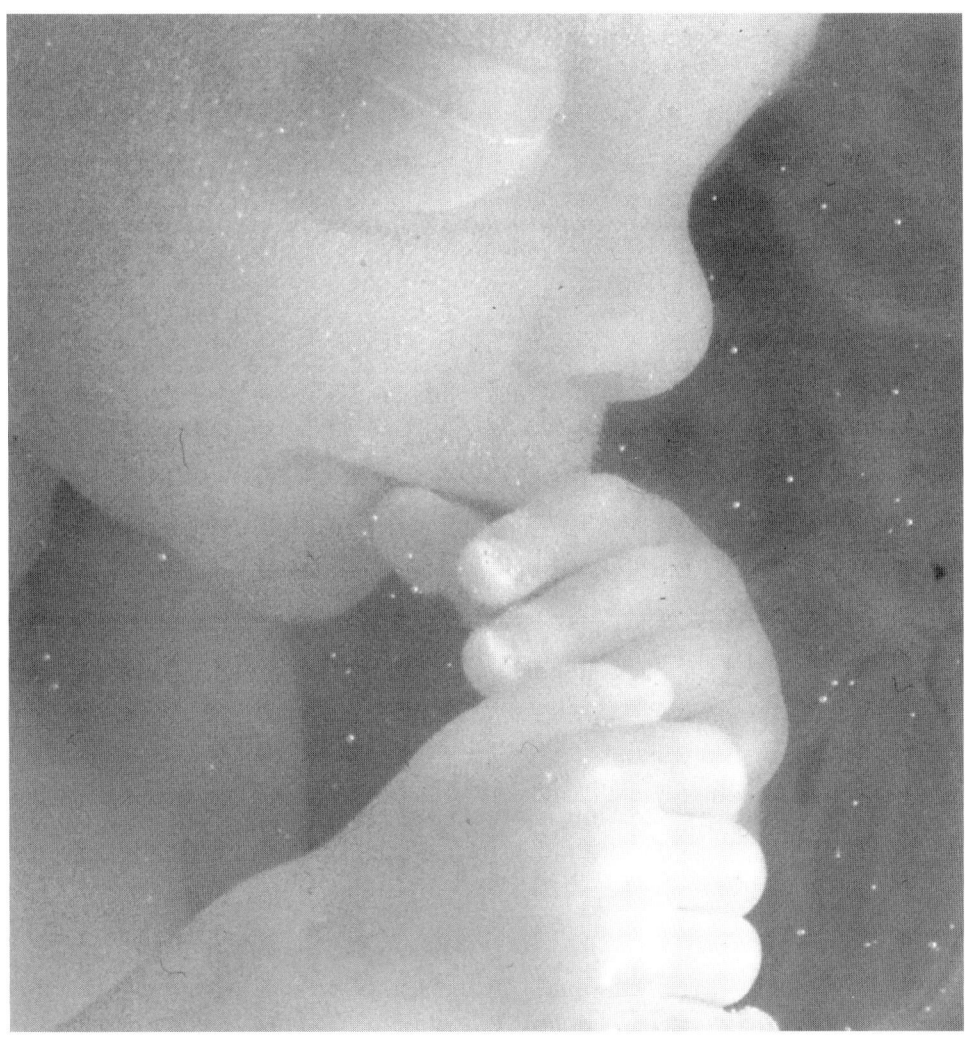

# Erlebnisfeld Schmecken

## Vom Säugling zum Kleinkind

Hauptnahrungsmittel eines Säuglings ist meist die Muttermilch. Schon nach der Geburt trinkt das Kind alleine. Durch bestimmte Eßgewohnheiten wird die Geschmacksbildung beeinflußt: Zu stark gesüßter Kindertee und süße Breis lösen ein immer stärkeres Verlangen nach Süßem aus.

Aber genauso soll Babynahrung nicht zu salzig oder zu stark gewürzt sein. Aufgrund persönlicher Vorurteile lehnen viele Kinder gewisse Speisen von vornherein ab; das Kind hat bald Vorlieben und weiß ganz genau, was es absolut nicht mag. Solche Vorurteile werden jedoch oft später wieder von selbst abgebaut. Durch abwechslungsreiches Essen werden die Geschmacksempfindungen ständig weiter verfeinert.

## Erste Spielimpulse
## zur Förderung der Sinnesbildung

 **Bestimmte Geschmacksrichtungen mit Speisen in Verbindung bringen**

Sobald das Kind Zähne hat, darf es z. B. versuchen, einen Apfel zu essen, statt immer nur Apfelsaft zu trinken.

Vor allem naturbelassene Lebensmittel (heimisches Obst und Gemüse, Nüsse, frische Bauernmilch, ...) als Basis für die tägliche Ernährung anbieten!

 **Wer mag kosten?**

(Kleine Speisen, die auch schon den Jüngsten schmecken)

### Bananenmüsli

Zutaten:

4 Bananen, Saft von 2 Orangen, Weizenflocken, evtl. Honig, Zitronensaft, feingehackte Nüsse

Zubereitung:

Die Bananen fein zerdrücken und mit dem Orangensaft und den Weizenflocken zu einem geschmeidigen Müsli vermischen. Darüber evtl. Honig, etwas Zitronensaft und feingehackte Nüsse geben.

## Karottenspeise

Zutaten:

Karotten, Äpfel, Honig, Zitronensaft

Zubereitung:

Karotten und Äpfel in eine Schüssel raspeln, etwas Honig und Zitronensaft daruntermischen, 1/2 Stunde ziehen lassen.

## Weizenkeimbrei

Zutaten:

2 EL Weizenkeime, 1 bis 2 Äpfel, Saft einer halben Zitrone, 5 EL Milch, Honig, 3 EL saure Milch (oder Joghurt)

Zubereitung:

Die Keime brauchen nicht eingeweicht zu werden. Die Äpfel fein schneiden oder reißen und alle Zutaten verrühren.

## Müsli mit Topfen

Zutaten:

150g Topfen, 3 EL Sauerrahm, 1/4 l Milch, 2 Äpfel, etwas Honig, 1 EL Zitronensaft, 2 EL geriebene Nüsse, 2 EL Haferflocken, 4 EL Leinsamen

Zubereitung:

Topfen mit geriebenen Äpfeln und allen anderen Zutaten gut verrühren.

## Frühlingsbrot

Zutaten:

1 Scheibe Vollkornbrot, Butter, Schnittlauch, hartes Ei, Salat, Radieschen, Kräuselpetersilie

Zubereitung:

Vollkornbrot mit Butter bestreichen, mit gehacktem Schnittlauch bestreuen, darauf in die Mitte Eierscheiben, rechts und links je einen kleinen Streifen Salat, darauf Radieschenscheiben. Leicht salzen und mit Kräuselpetersilie garnieren.

## Radieschenaufstrich

Zutaten:

200 g Topfen, Salz, Paprika, Milch, 200 g geriebene Radieschen,
1 EL Tomatenmark, 1 EL gehackter Schnittlauch

Zubereitung:

Topfen mit allen Zutaten gut verrühren. Die bestrichenen Brotscheiben mit Radieschenscheiben belegen und mit gehackter Petersilie bestreuen.

### Papi
Renate Steiner

Papi,
du duftest so gut!
Papi,
ich hör dir so gerne zu.
Bitte, erzähle mir noch einmal die Geschichte!
Papi,
ich mag es, wenn du mich an meiner Hand kitzelst!
Papi,
backen wir wieder gemeinsam den Kuchen,
der uns beiden so schmeckt?
Du weißt schon, unseren Lieblingskuchen!

### Die Frau mit dem zerrissenen Kleid
Renate Steiner

Mami –
siehst du die Frau mit dem zerrissenen Kleid?
Die sieht nicht schön aus,
die riecht nicht gut,
ihre Wangen sind eingefallen!

Wenn sie spricht, klingt es ganz anders.
In ihren Armen hält sie ein kleines
schlafendes Kind,
eingehüllt in eine
zerrissene Decke!

Mit zitternder Hand
streichelt sie dem Kind über die Haare.
Vor ihr steht eine leere Tasche.
Mami –
ich möchte ihr etwas schenken!

Glaubst du,
wird ihr
mein Apfel schmecken?

## Du bist so süß

Renate Steiner

Du bist so süß, du bist so süß, du bist mein
zuk - ker - süs - ser Schatz! Ich hab dich lieb, ich hab dich
lieb, ich hab dich lieb, drum geb ich dir 'nen Schmatz!

## Das Lied vom Schnuller

Renate Steiner

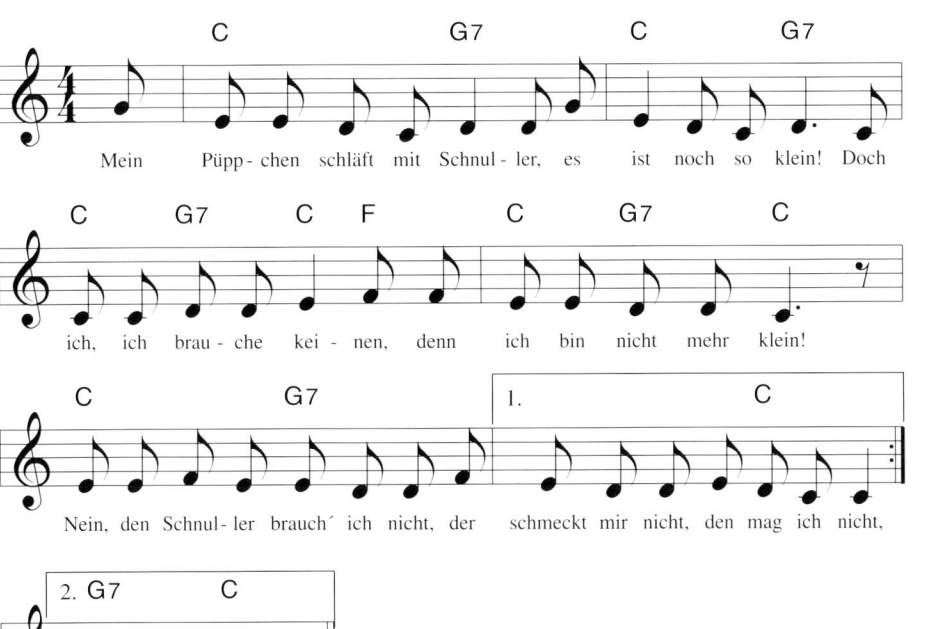

Mein Püpp - chen schläft mit Schnul - ler, es ist noch so klein! Doch
ich, ich brau - che kei - nen, denn ich bin nicht mehr klein!
Nein, den Schnul - ler brauch' ich nicht, der schmeckt mir nicht, den mag ich nicht,
schmeckt mir nicht!

Hinweis:

Wird ein Schnuller auch noch im Kleinkindalter regelmäßig beim Schlafen verwendet, kann eine Gaumen- oder Kieferverformung auftreten, die Sprachfehler
bzw. Zahnfehlstellungen zur Folge haben kann.

# Anregungen, die die Geschmacksausbildung bereichern

 **Kosten und spielen**

## Naschkätzchen, koste einmal!

Von verschiedenen Speisen (Obst, Gemüse, Brot, Käse, ...) sowie Getränken (frischgepreßte Säfte, Tees, Milch, Wasser, ...) kleine Kostproben vorbereiten. Der Spieler, der die Rolle des Naschkätzchens übernimmt, schließt seine Augen und erhält eine Kostprobe. Er soll nun am Geschmack erkennen, was er ißt oder trinkt.

## Was gehört wohin?

Von verschiedenen Speisen (Obststücke, Gemüse, Vollkornprodukte, Milchprodukte, Nüsse, ...) je 2 Kostproben vorbereiten und auf zwei getrennte Teller legen. Passend zu jedem Oberbegriff (Gemüse, Milchprodukt, ...) Kärtchen gestalten und zu jedem Oberbegriff einen leeren Teller stellen. Der „blinde" Vorkoster wählt ein Häppchen und versucht zu erkennen, was er ißt. Nun sucht er das Gegenstück auf dem zweiten Teller und legt es auf den Teller mit dem passenden Oberbegriff (z. B.: Gurke – Gemüse).

## Was schmeckt wie?

Verschiedene Geschmacksproben vorbereiten, ebenso Kärtchen mit der Aufschrift: süß, sauer, bitter, salzig. Alle Spieler kosten nun immer gleichzeitig eine Geschmacksprobe (z. B. ein Stück vom selben Apfel). Jeder beschreibt nun, wie er den Geschmack empfindet, und ordnet der Geschmacksprobe ein Kärtchen zu. (Ein Spieler empfindet den Geschmack des Apfels noch als süß, ein anderer schon als sauer.)

### Der Feinschmecker

Der Feinschmecker hat die Aufgabe, Küchenkräuter zu kosten und in einer Tabelle sein persönliches Geschmackserlebnis festzuhalten. Die Auswertung mit anderen Feinschmeckern vergleichen!

| Kräuter: | würzig | scharf | mild | bitter | süßlich | sauer | geschmacklos | erfrischend |
|---|---|---|---|---|---|---|---|---|
| Kümmel | | | | | | | | |
| Schnittlauch | | | | | | | | |
| Dill | | | | | | | | |
| Paprika | | | | | | | | |
| Majoran | | | | | | | | |
| Salbei | | | | | | | | |

## Schmecken

Sauer schmeckt die Zitrone,
erfrischend die Wassermelone,
eigentümlich der Salbeitee,
stark der Kaffee!

Körnig schmeckt der Reis,
lecker das Himbeereis,
fruchtig ist der Saft,
gibt Traubenzucker Kraft?

Fett ist die Butter,
süß schmeckt der Zucker,
Pfeffer ist scharf,
je nach Bedarf.

Bitter ist manche Arznei,
weich das Frühstücksei,
aber –
und jetzt nicht erschrecken –
wie schmecken denn
Schnecken?

Renate Steiner

 ## Erlebnisräume schaffen

### Bio-Laden

Der übliche Kaufmannsladen wird in einen Bio-Laden umgestaltet, in dem Kinder spielerisch mit Produkten vertraut werden, die ein wichtiger Bestandteil einer gesunden Ernährung sind. Sie lernen so aus dem Überangebot die richtige Auswahl zu treffen und daraus kleine Gerichte zuzubereiten, die für eine gesunde Jause geeignet sind:

- aus Körnern und Nüssen werden leckere Müsli gemixt;
- Obst wird zu Fruchtsalat verarbeitet;
- aus Getreide wird Brot gebacken;
- aus Topfen werden verschiedene Brotaufstriche zubereitet;
- Trockenfrüchte ersetzen Schokolade und Zuckerl;
- Früchtetees ersetzen Limonaden;
- aus frischem Gemüse werden Rohkostgerichte zubereitet.

Dazu Kochbücher anbieten, die Vollwertrezepte für Kinder beinhalten, z. B.:
Reny Kern: Renys Vollwertküche, emu-Verlag für Ernährung, Medizin und Umwelt, 1991;
Susanne Reiter: Vollwertkost für Kinder, Falken-Verlag, 1988.

### Saft-Lotto

Obst und Gemüse entsaften und eine kleine Menge als Kostprobe in Becher füllen. Nun darf getrunken werden. Der Becher soll zu dem Stück Obst bzw. Gemüse gelegt werden, aus dem der Saft gepreßt wurde. Zur Eigenkontrolle beschriftet der Spielleiter den Becherboden mit dem richtigen Namen (z. B. Tomatensaft).

### Saft-Bar

Mit Hilfe einer Saftpresse frisches Obst und Gemüse entsaften.

## Wie deckst du den Tisch für ein Festessen?

Beim Aufdecken gibt es Regeln, die zu Hause und im Restaurant gelten: Folgendes Geschirr und Besteck (siehe Zeichnung), werden benötigt, wenn es Vorspeise, Hauptgang und Nachtisch gibt: Hauptteller, darunter evtl. Platzteller, der immer stehen bleibt, Brotteller, Buttermesser, Vorspeisenbesteck (außen), Besteck für Hauptgang (innen), Dessertbesteck (oberhalb der Teller) sowie Gläser. Das jeweils benötigte Glas steht immer rechts, da von rechts eingeschenkt wird.

So weiß auch der Gastgeber oder der Kellner im Restaurant, ob er noch Speisen nachlegen soll oder abservieren kann.

Das Besteck kann sprechen:

Ich hätte gern noch etwas

Danke, ich habe genug

## Das Tischkultur-Ratespiel für kluge Köpfe

Beantworte jede Frage mit „richtig" oder „falsch"!

1. Die Serviette stopfst du in den Kragen, damit du dich nicht bekleckerst.
2. Die Serviette breitest du auf den Oberschenkeln aus.
3. Die Suppe schlürfst du möglichst laut, denn die anderen sollen wissen, was du ißt.
4. Die Butter gibst du mit dem Buttermesser auf den Teller und streichst sie dann mit dem eigenen Messer auf das Gebäck.
5. Das Frühstücksei schlägst du vorsichtig mit dem Eierlöffel an, dann schälst du es mit den Fingerspitzen ab.
6. Das Frühstücksei köpfst du durch einen kräftigen Schlag mit dem Messer.
7. Spaghetti schneidest du in möglichst kurze Stücke, damit sie nicht vom Löffel hängen.
8. Du wickelst einige Spaghetti um die Gabel. Dabei kannst du beim Drehen den Löffel zum Abstützen der Gabel verwenden.
9. Du schneidest dein Schnitzel in kleine Stücke und ißt anschließend nur mit der Gabel.
10. Knödel schneidest du immer mit dem Messer.
11. Knödel zerreißt du mit der Gabel, dadurch können sie mehr Saft aufnehmen.
12. Spargel schneidest du mit dem Messer.
13. Fisch schneidest du mit dem Messer, dadurch spürst du die Gräten weniger.
14. Du löst den Fisch mit dem Besteck vorsichtig von den Gräten, dadurch zerfällt er automatisch in mundgerechte Bissen.
15. Geflügel zerteilst du mit Messer und Gabel.
16. Geflügel zerteilst du mit den Händen. Die Knochen nagst du ab.

17. Obstkerne spuckst du in den Aschenbecher.
18. Obstkerne läßt du auf den Löffel gleiten und legst sie auf den Unterteller.

Auflösung (F = falsch; R = richtig):
1 F; 2 R; 3 F; 4 R; 5 R; 6 F; 7 F; 8 R; 9 F; 10 F; 11 R; 12 R; 13 F; 14 R; 15 R; 16 F; 17 F; 18 R.

 **Kleine Ernährungslehre**

Um leben zu können, müssen wir essen und trinken. Die Nahrung gibt dem Körper Energie, sie ist unerläßlich für das Wachstum, stärkt das Immunsystem (Abwehrkraft gegen Krankheiten) und hält uns fit.
Der Körper braucht eine ausgewogene Ernährung, damit er gesund bleibt und richtig funktioniert.

Die Nahrung setzt sich aus drei Grundnährstoffen zusammen, die verschiedene Aufgaben erfüllen:
**Eiweiß,** auch **Protein** genannt, ist der Baustein für unsere Körperzellen. In Fisch, Fleisch, Eiern, Milch und Käse ist besonders viel Eiweiß enthalten.
**Kohlehydrate** sind sowohl für Kinder mit ihrem Bewegungsdrang als auch für Erwachsene die wichtigsten Energiequellen und stellen bei Sport und Spiel die benötigte Energie am schnellsten zur Verfügung. Besonders reich an Kohlehydraten sind alle Getreidearten, Kartoffel und Zucker.
**Fett** ist der „Brennstoff", der einerseits Energie liefert und andererseits in Form von Fettpölstern im Körper gespeichert wird. In Butter, Öl, Margarine ist Fett leicht erkennbar, in Wurst, Schokolade und Nüssen hingegen ist es gut versteckt.

Außerdem enthält die Nahrung noch **Vitamine** und **Mineralstoffe.**
Vitamine A sind wichtig für Augen und Haut. Sie kommen in Leber, Käse, Milch, Karotten, Spinat und Salat vor.
Vitamine B sind für die Produktion von Körperenzymen wichtig und sind in Vollkornprodukten reichlich vorhanden.
Vitamin C spielt bei der Abwehr von Erkältungskrankheiten eine Rolle und ist in Früchten (Zitronen, Orangen, Hagebutten, ...) sowie in Gemüsen (Tomaten, Spinat, Karotten, Sauerkraut, ...) enthalten.
Vitamin D ist für die Gesunderhaltung von Knochen und Zähne wichtig und kommt vor allem in Milch, Butter, Käse und Eiern vor.

Mineralstoffe dürfen in unserer Nahrung nicht fehlen. Allerdings brauchen wir von manchen Stoffen nur ganz wenig, daher heißen sie „Spurenelemente". Wichtige Mineralstoffe sind z.B. Kalzium, Kalium und Magnesium. Wir finden sie u. a. in Mineralwasser. Kalzium ist der Baustoff für Knochen und Zähne. Es ist enthalten in Milchprodukten, Wurzelgemüse und Steinobst.
Phosphor, Jod, Fluor, Natrium und Eisen gehören auch zu den Mineralstoffen.

Durch eine abwechslungsreiche Kost, die viel Gemüse, Getreide und Obst enthält, versorgen wir unseren Körper mit allen lebenswichtigen Stoffen und beugen Gesundheitsstörungen vor.

Hast du gewußt, daß unser Körper zu 64 % aus Wasser besteht?
Wasser ist daher für uns lebenswichtig. 2 bis 3 Liter pro Tag ist der Wasserbedarf des Körpers. Über verschiedene Speisen und Getränke, z.B. Gemüse, Milch, Kartoffeln, Fleisch, klarem Trinkwasser, ... wird es zugeführt.

 **Erntefrisches Gemüse zu jeder Jahreszeit**

## Keimlinge und Sprossen

Ausgekeimte Samenkörner werden als Keimlinge und Sprossen bezeichnet. Kommt das Samenkorn mit Wasser in Berührung, dann beginnt der Samen – bei passenden Temperatur- und Lichtverhältnissen – zu keimen. Keimlinge enthalten viele Vitamine, hochwertige Fette, Eiweiß und sind reich an Mineralstoffen.

Material:

Einmachglas, Gummiring, dünne Strumpfhose, Samenkörner (z.B.: Alfalfa, Mungobohnen, Kresse, Linsen, Ölrettich, Senf, Kichererbsen), Wasser.

Anleitung:

Bedecke den Boden des Einmachglases mit beliebigen Samenkörnern. Über die Glasöffnung spanne ein Stück einer dünnen Strumpfhose und befestige es mit einem Gummiring. Glas mit Wasser auffüllen, Samen kräftig durchspülen und Wasser wieder abfließen lassen. Das Keimglas mit der Öffnung nach unten schräg über eine Kaffeetasse stellen. Diesen Vorgang 2-3mal pro Tag wiederholen. Nach 4 bis 6 Tagen sind die Samen so weit gekeimt, daß man sie essen kann.
Das Glas während des Keimens nicht in die Sonne stellen, die ideale Temperatur beträgt 20 bis 25 Grad.
In einem Kunststoffbehälter können die Keimlinge im Kühlschrank mehrere Tage aufbewahrt werden.

### Samensorten und ihr Geschmack

Alfalfa – erfrischend
Mungobohne – nußartig
Bockshornklee – streng
Erbsen – mild
Kichererbsen – nußartig, mild
Kresse – pikant-scharf
Linsen – mild-würzig

Rettich – leicht scharf
Roggen – mild
Senf – scharf-würzig
Sojabohnen – mild
Sonnenblumenkerne – würzig
Weizen – mild

Verwendung:

- Keimsprossen auf ein mit Topfenkäse oder Butter bestrichenes Vollkornbrot streuen.
- Keimsprossen können Salaten beigemengt werden.
- Keimsprossen als Suppeneinlage schmecken gut.
- Nudel- oder Kartoffelaufläufen beigeben.
- Gut auch bei pikanten Nachspeisen oder Obstsalat.

## Knoblauchblätter

Material:

Blumentopf, Erde, Knoblauchzehe, Wasser

Anleitung:

Blumentopf mit Erde füllen. Mehrere Knoblauchzehen mit der Spitze nach oben nicht zu dicht nebeneinander 2 cm tief in die Erde stecken. Topf auf eine Fensterbank stellen und Erde feucht halten. Nach einigen Wochen wachsen schmale längliche Blätter. Bei einer Länge von ca. 10 cm abschneiden und auf ein Butterbrot legen oder geschnitten auf einen Salat streuen. Der Geschmack ist nicht so intensiv wie der einer Knoblauchzehe.

## Internationale Küche

Andere Länder – andere Speisen kennenlernen! Jedes Land hat seine Nationalgerichte, das sind keine aufwendigen, teuren Spezialitäten, sondern ganz alltägliche Speisen.

Hinweis:

- Ein ausländisches Kind der Gruppe hat Geburtstag. Der Speiseplan wird an diesem Tag darauf abgestimmt.
- Bei einem Faschingsball wird auch das Buffet gemäß dem Motto des Balls gestaltet, z. B. „Eine Reise rund um die Welt".

## Gourmet-Ecke

Ein festlich gedeckter Tisch (Tischtuch, Blumen, Kerze, leise Musik) soll Stimmung und Freude vermitteln. Das gemeinsame Essen – ein kultureller Genuß.

## Erforschen macht Spaß

- Hast du einen Vergrößerungsspiegel? Betrachte darin deine Zunge oder verwende zur Vergrößerung eine Lupe.
Suche nun die Stellen auf deiner Zunge, an denen wir die vier Grundgeschmacksempfindungen wahrnehmen. Betropfe ein Wattestäbchen mit Zitronensaft und probiere, wo die Zunge sauer erkennt. Du kannst auch Honig (süß), Salz (salzig) und Salbeitee (bitter) nehmen.

- Gibt es zwischen Riechen und Schmecken einen Zusammenhang?
  Schneide eine rohe Kartoffel und eine rohe Karotte in kleine Stückchen.
  Halte dir die Nase zu und versuche, mit geschlossenen Augen den Unterschied festzustellen. Was ist die Karotte? Gelingt es dir?
  Kannst du nach dem gleichen Testverfahren z. B. Wasser und Milch unterscheiden?

- Läßt du dich von Farben täuschen? Bereite einen Keksteig zu, teile ihn in mehrere Stücke und gib unterschiedliche Lebensmittelfarben hinzu.
  Laß nun deine Gäste von den bunten Keksen probieren und raten, wonach diese verschieden gefärbten Sorten schmecken. Oder schmecken alle gleich?
  Dieser Farbenzauber läßt sich bei jeder Art Teig, Brei, Pudding und bei Flüssigkeiten durchführen.

- Bei einer Party suche den besten Limonadenkenner: Fülle Mineralwasser in Gläser und färbe es mit verschiedenen Lebensmittelfarben. Bereite mehrere Kärtchen vor, auf denen du Geschmacksrichtungen angibst (Himbeer, Orange, Mineral, Zitrone, Pfefferminze ...). Die Teilnehmer sollen nun die Kärtchen den Getränken zuzuordnen versuchen. Wer tappt in die Falle?

  Spielvariante:

  Unter den gefärbten Mineralwässern befindet sich ein echter Limonadensprudel. Wer schmeckt ihn heraus?

## Beeinträchtigung des Geschmackssinnes

Sehr scharfe Aromen können den Geschmacksinn schwächen oder in seltenen Extremfällen auch auslöschen. Verbrennungen und Verbrühungen der Zunge durch zu heiße Speisen und Getränke können eine vorübergehende Verminderung oder eine Schädigung des Geschmacksempfindens auslösen.
Auch während einer Erkältung oder Grippe kann das Gefühl auftreten, nicht mehr richtig schmecken zu können. Jedoch sind in diesem Fall nicht die Geschmacksknospen beeinträchtigt. Zwischen Schmecken und Riechen besteht ein so enger Zusammenhang, daß man dadurch etwas als Geschmack empfindet, was in Wirklichkeit ein Geruch ist. (Befindet sich eine Speise bereits im Mund, so dringt der Geruch durch den Rachen zu den Riechhärchen in der Nase.) Wenn infolge einer Erkältung die Nasenwege verstopft sind, hat man beim Essen den Eindruck, den Geschmacksinn verloren zu haben. In einer solchen Situation fehlt jedoch nicht der Geschmack, sondern der so wichtige Geruch der Speisen.
Stark bitter schmeckende Speisen und Getränke können auch Brechreiz verursachen.

# TASTEN

Leise tastend
schmiegt sich an mich
was ich nicht
zu greifen vermag!
Ist es dein Lächeln?

# Dominik und die Seifenblase

Dominik blies und blies und blies, um die kleine Seifenblase größer und größer zu machen.

Und sie wurde auch ganz groß, viel größer als normale Seifenblasen.

„Langsam blasen, ganz langsam", riet ihm sein Freund, der neben ihm stand, „sonst zerplatzt sie!"

Aus dem Seifenblasenring entstieg ein wundersames Ding, beinahe so groß wie ein Luftballon. Es sah wunderschön aus, nur berühren durfte man es nicht.

„Oh, wo bin ich denn hier hingeraten?" staunte die Seifenblase. Fröhlich drehte sie ihren schillernden Körper herum und zeigte den Buben ihre kugelige Schönheit. Blau, gelb, rot, violett schillerte ihre Oberfläche.

Wißbegierig betrachtete sie die Berge am Horizont, die Wiesen und Bäume, die Häuser und auch die beiden Buben in ihrer Aufregung.

„Was ist das für eine Welt hier?" wisperte die Seifenblase, während sie, getragen vom kräftigen Atemstoß Dominiks, ein Stück höher stieg und die Wärme der Sonnenstrahlen spürte.

„Laß sie nicht herunterkommen", schrie der Freund, und Dominik rannte bereits der Seifenblase hinterher.

Als sie sich langsam senkte, blies Dominik die Seifenblase mit aller Kraft wieder in die Höhe.

„Uuuuh, wie schön", rief sie aus und genoß ihr Dasein in vollen Zügen. Lustig drehte sie sich um ihre eigene Achse. Gegen die Sonne zeichneten sich ihre schillernden Farben ab, bunt wie ein Regenbogen.

„Versuch sie in der Luft zu halten, aber berühr sie nicht, sonst zerplatzt sie", schrie sein Freund, und beide liefen wiederum der Seifenblase hinterher und pusteten sie bei jeder Gelegenheit höher und höher in die Luft.

„Ich und zerplatzen?" wunderte sich die Seifenblase. Sie fühlte sich frisch und kräftig wie nie zuvor. „Könnt ihr mich denn nicht fangen?" Die Ängstlichkeit der beiden Buben belustigte die Seifenblase und sie schwebte schon wieder davon. Dabei drehte sie lustig ihren schillernden Körper rundherum.

„Fangt mich doch, fangt mich doch!" rief sie voller Tatendrang und tanzte wie eine Primaballerina vor den Augen der Jungen hin und her. „Bin ich dort oder da oder – trallala – nirgendwo! Wo bin ich dann?" sang sie übermütig ihre Reime. „Puste mich doch in die Höhe, wenn du kannst", rief sie Dominik zu, drehte sich dabei ein wenig im Kreis, um gleich wieder auf und davon zu schweben. Lustig tanzte sie der Sonne um die Nase.

So ging das eine Zeit lang, bis den beiden Buben die Puste ausging und die Seifenblase sich etwas Neues einfallen ließ. Schnurstracks setzte sie sich auf den Finger von Dominik. „Drück mich doch an dich", meinte sie stolz.

Dominik wagte nicht zu sprechen und hielt den Finger gestreckt in die Höhe.

Sein Freund bekam vor Staunen den Mund nicht zu. „Du darfst sie nicht berühren" flüsterte er aufgeregt.

„Warum denn nicht?" drehte sich die Seifenblase erstaunt zu ihm hin. „Bin ich denn so häßlich?" Neugierig sah sie in die Augen von Dominik, um sich darin wie in einem Spiegel zu betrachten. „Gefall ich dir nicht?" fragte sie unsicher.

„Du bist die schönste Seifenblase, die ich je gesehen habe", entfuhr es Dominik. Da freute sich die Seifenblase, und sie glänzte in allen Farben. „Ich mag dich auch", sagte sie mit zarter Stimme, und ungestüm wie sie war, wollte sie sich gleich an ihn schmiegen.

„Nein", rief Dominik. Doch sie sprang, ohne lange zu fragen und ohne lange nachzudenken, direkt auf seine Nasenspitze. Puff – weg war sie!

Nur etwas Seifenwasser tropfte Dominik über die Wange. Es war, als würde der Hauch einer vergänglichen Seifenblase ihn kitzeln.

Langsam wischte er die Tropfen aus seinem Gesicht. „Also, so etwas hab ich noch nie gesehen", flüsterte er seinem Freund zu. „Ich auch nicht", meinte dieser ganz benommen. Und Dominik war, als wäre die Seifenblase noch da, als schwebte sie unsichtbar um ihn herum.

Da griff er einfach ein paar Mal in in die Luft. Vielleicht konnte er sie doch noch irgendwo ganz zart berühren?

# Der Tastsinn

Die **Haut** ist beim Menschen das größte Organ. In ihr befinden sich die Sinneszellen, durch die wir tasten, fühlen und empfinden können. Durch die Berührung ist es dir möglich festzustellen, ob ein Gegenstand leicht oder schwer, warm oder kalt, rauh oder glatt, groß oder klein, rund oder kantig, weich oder hart ist.

Große Bedeutung hat der Tastsinn bereits bei jedem Neugeborenen. Über den Hautkontakt spürt es Zuneigung, Liebe, Zärtlichkeit und Geborgenheit, ohne die es sich nicht harmonisch weiterentwickeln kann.

Der Mund und die Lippen sind die empfindlichsten Stellen für den Tastsinn. Aus diesem Grund steckt ein Baby alles in den Mund, was es in seine Hand bekommt, um es zu erforschen.

Die Haut besteht aus drei Schichten: der **Oberhaut**, der **Lederhaut** und der **Unterhaut**.

Die **Oberhaut** ist eine Hülle, die unseren Körper umschließt, sie ist stabil und bildet die Grenzen zur Umwelt.

In der **Lederhaut,** der mittleren Schicht, sitzen unter anderem die Sinneszellen, durch die wir Druck, Schmerz, Wärme und Kälte empfinden können.

Freie Nervenenden registrieren und melden unserem Gehirn Druck, Schmerz und Jucken. Sie befinden sich im gesamten Körper. Gebündelte Nerven (Rezeptoren) vermitteln uns die Empfindung von Wärme, Kälte, Berührung und ebenso Druck. Je zahlreicher sie vereint sind, desto empfindlicher ist der betreffende Bereich. An unseren Fingerspitzen befinden sich z. B. viele, an unseren Schultern nur wenige.

Im **Unterhautbindegewebe**, der dritten Hautschicht, findet die Blutversorgung statt. Es ist für die Zufuhr von Nährstoffen und den Abtransport von Schlackstoffen verantwortlich, weiters ist es für die Temperaturregulation wichtig.

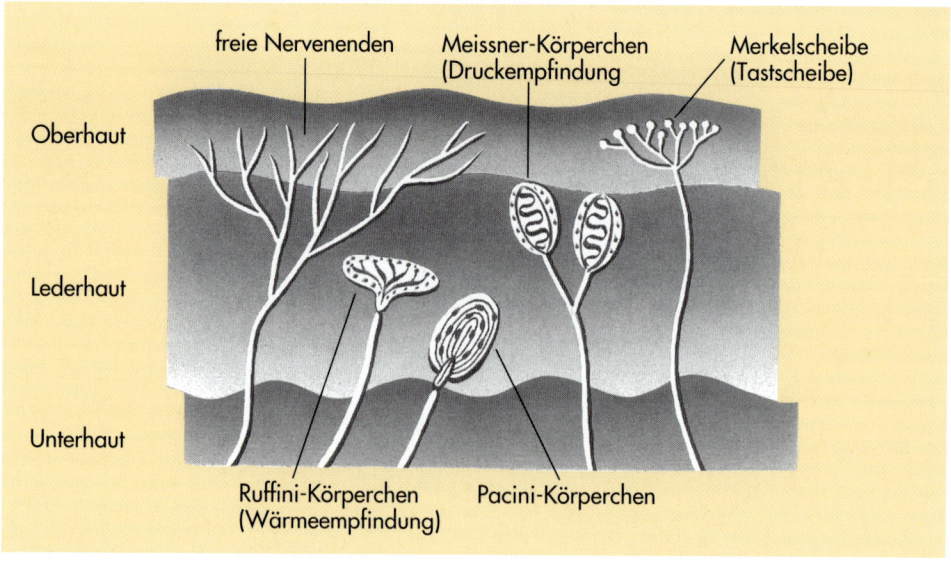

freie Nervenenden — Meissner-Körperchen (Druckempfindung) — Merkelscheibe (Tastscheibe)

Oberhaut

Lederhaut

Unterhaut

Ruffini-Körperchen (Wärmeempfindung) — Pacini-Körperchen

# Das Ungeborene ist druckempfindlich

Gegen Ende des zweiten Schwangerschaftsmonates reagiert das ungeborene Kind auf Reize von außen, es ist druckempfindlich, es ist bereits wahrnehmungsfähig.

In dieser Zeit haben sich auch bei dir deine Arme und Beine gebildet, du hattest auch schon ganz zarte Finger und bald danach auch die Zehen. Nun konntest du erstmals greifen und eine Faust bilden.

Gegen Ende des sechsten Monats bilden die Hände ihre besondere Sensibilität aus. Die meisten Eindrücke nimmt das Ungeborene über die Haut wahr.

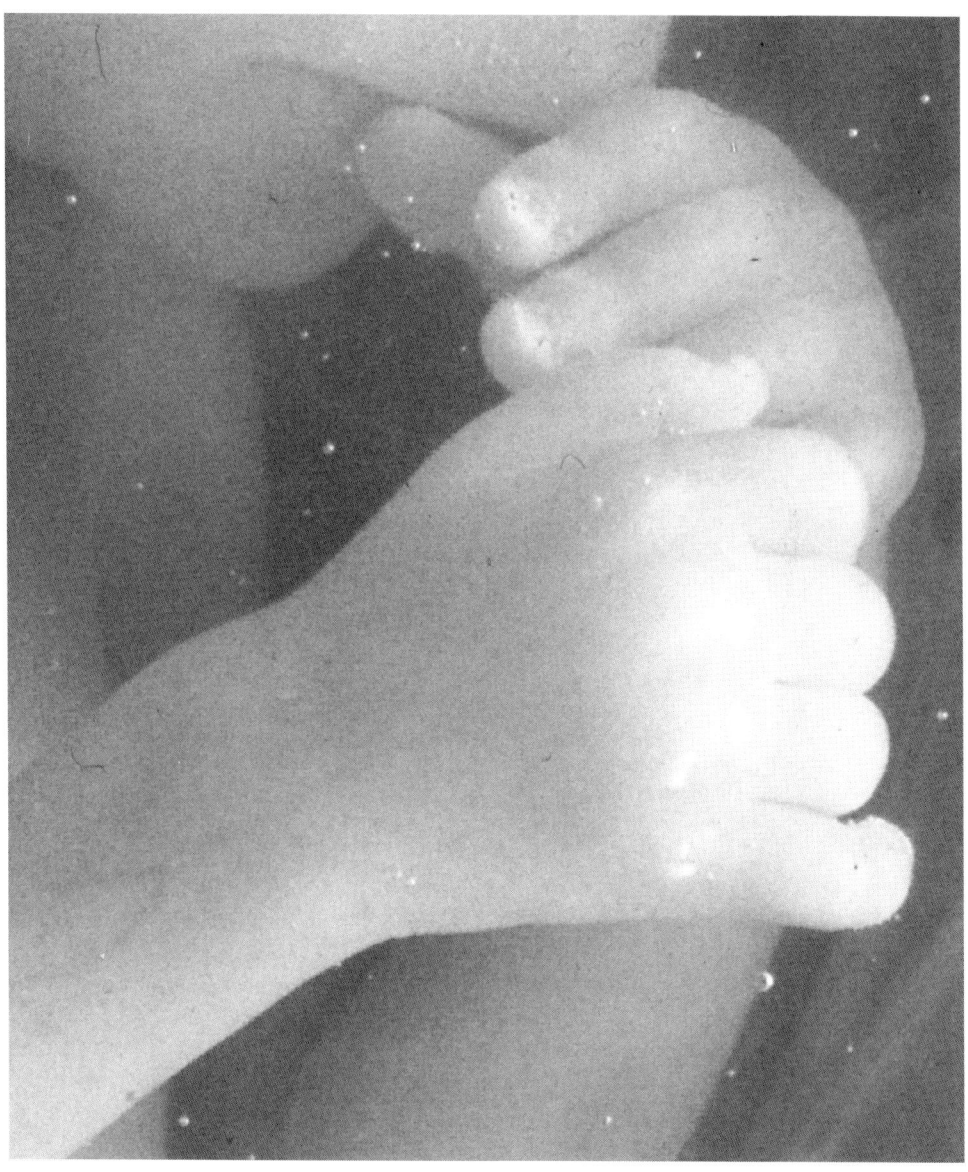

# Erlebnisfeld Berühren

## Vom Säugling zum Kleinkind

Der Mund ist für das Baby die wichtigste Tastzone. Es steckt seine Finger in den Mund und hat dabei Berührungsempfindungen.

Bald kann es kleine Gegenstände in der Hand halten, ebenso ist es in der Lage, beide Hände zur Körpermitte zu führen. Es beginnt seine Umgebung zu erforschen, es steckt alle Dinge in den Mund, um diese zu prüfen.

Im Alter von ca. neun Monaten verfeinern sich die Bewegungen, die Finger werden geschickter. Das Kind ist nun in der Lage, mit Daumen und Zeigefinger (Zangengriff) Gegenstände aufzunehmen.

## Erste Spielimpulse
## zur Förderung der Sinnesbildung

###  Spielsachen, die zum Greifen anregen

- Greiflinge, Beißringe und Rasseln – keine zu kleinen Gegenstände, da das Baby diese verschlucken könnte!
- Quietschtiere – Kinder freuen sich über den dabei entstehenden Klang
- Spielgegenstände, die auch rollen oder fahren – diese verlocken zum Krabbeln
- Kleine Schwimmtiere – fördern das Lustempfinden beim Baden
- Spielzeugkette – Kugeln oder Rasseln auf ein Gummiband fädeln und über dem Kinderwagen befestigen

### Einfache Wurfpuppe aus Stoff

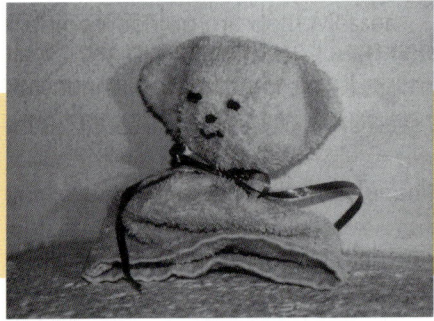

Material:

Stoffrest oder Waschlappen, Schaumstoff oder Wolle, Band, Nadel

Anleitung:

Einen Stoffsack von 20 x 40 cm nähen (es eignet sich auch ein Waschlappen), diesen mit etwas Schaumstoff oder Wolle füllen. Mit einem Band Kopf abbinden und gut verknoten. Nun den übrigen Teil ebenso füllen – dieser bildet den Körper –, danach die offenen Stoffseiten zusammennähen. Gesicht aufnähen.

## Handschuhkatze als Kuscheltier

**Material:**

1 Wollhandschuh, Watte, Wolle, Knöpfe, Stoffband, Nadel, Schere

Anleitung:

Den Daumen des Handschuhs nach innen ziehen, dann den gesamten Handschuh mit Watte füllen. Zeigefinger und kleiner Finger sind die Vorderpfoten, Mittel- und Ringfinger die Hinterpfoten des Kätzchens. Nun die Handschuhöffnung zunähen, dabei in der Mitte etwas nach unten ziehen, so daß sich seitlich die Ohren spitzen. Den Hals mit einem Stoffband abbinden, Katzengesicht ausgestalten.

### Mami hat mich lieb

Renate Steiner

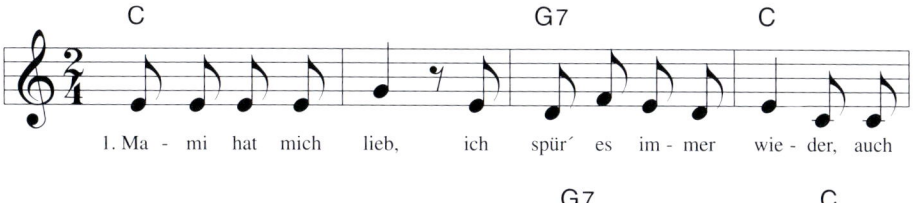

1. Ma - mi hat mich lieb, ich spür´ es im - mer wie - der, auch

ich hab Ma - mi lieb, dar - um möcht ich bei ihr sein!

2. Papi hat mich lieb,............ bei ihm sein.
3. Oma hat mich lieb,........... bei ihr sein.
4. Thomas (Opa, ...) hat mich lieb, ............. bei ihm sein.

Wie kannst du jemandem zeigen, daß du ihn lieb hast?

 ### Lustbetonte, einfache Hautkontaktspiele

### Eins, zwei, drei

| | |
|---|---|
| Eins, zwei, drei, | – Dem Kind auf Daumen, Zeigefinger und Mittelfinger tupfen |
| wir kochen einen Brei. | – Dabei mit Zeigefinger auf |
| Wir kochen einen Hirsebrei, | – der Handfläche kreisen |
| Eins, zwei, drei. | – Nochmals auf Finger tupfen |

Renate Steiner

### Der kleine Käfer

Renate Steiner

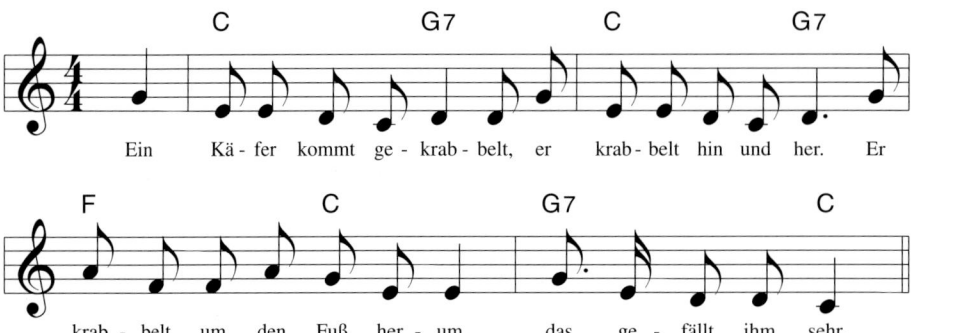

Ein Kä - fer kommt ge - krab - belt, er krab - belt hin und her. Er
krab - belt um den Fuß her - um, das ge - fällt ihm sehr.

Spielmöglichkeit:

Mit den Fingern um den Fuß krabbeln, leicht kitzeln. Weitere Strophen erfinden, z. B.: ...Er krabbelt um die Hand (Bauch, Kopf, Ohr, Mund, ...) herum, das gefällt ihm sehr.

### Hände klatschen

Hände klatschen, Hände klatschen   –  Dabei die Hände des Kindes
kann mein kleines Kind!   –  nehmen und gegeneinander klatschen
Und auch mit den Füßen strampeln,  –  An den Füßen halten und auf
kann es ganz geschwind.   –  und ab bewegen

Renate Steiner

### So steigt der Storch

So steigt der Storch den Berg hin - auf, so steigt er wie - der run - ter.
(Ha - se)

Spielmöglichkeit:

Ein Kind kauert am Boden, der Rücken stellt somit einen Berg dar. Der Spielpartner kniet dahinter und führt zum Text passend mit den Händen die Bewegungen am Rücken (Berg) durch. Danach werden die Rollen getauscht.
Weitere Strophen erfinden: z.B.: So kriecht die Schlange ...,
          So hüpft der Hase ...,
          So trabt das Pferd ...,
          So schleicht die Katz' ...,
          So läuft die Maus ...,
          So steigt der Bär ...,
          So springt der Frosch ...,
          So läuft der Hund ...
          usw.

Renate Steiner

# Spielerische Förderung der taktilen Wahrnehmung

 **Materialbetonte Aktionen**

Die Hände, als Werkzeug unserer Intelligenz sollen beidseitig in gleicher Weise aktiviert werden.

## Experimentieren mit Sand und Wasser

- Matsch lustvoll erleben (barfüßig im Sand spielen!)
- Gestaltungsimpulse setzen: Mit Finger oder Stäbchen Muster und Bilder in den Sand zeichnen; Reliefs, dreidimensionale Objekte bauen; mit den Füßen malen

## Aus ungesponnener Schafwolle Objekte gestalten

- Geschichten erzählen und mit Hilfe von Wollfiguren veranschaulichen
- Kitzelspiele – den Spielpartner, der seine Augen geschlossen hat, mit beiden Händen gleichzeitig mit je einem Wattebausch berühren (Wangen, Ohren, Hände, ...). Danach muß dieser die gleichen Stellen bei seinem Gegenüber wiederfinden und die Körperstellen ebenso mit Watte berühren.

## Malen mit Fingerfarben

Tapetenkleister laut Beschreibung anrühren, mit Naturfarben einfärben (Roterübensaft, Holundersaft, Kamillentee, schwarzer Tee, ...). Die breiige Masse gleichmäßig auf dem Backblech verteilen, darin beidhändig Spuren ziehen und wieder verwischen. Wird als Untergrund Papier verwendet, kann das entstandene Gemälde getrocknet und aufbewahrt werden.

## Knetmassen

- Papiermaché – kleingerissenes Zeitungspapier in Wasser einweichen, Tapetenkleister unterrühren, so daß eine knetbare Masse entsteht.
- Bienenwachs – um Bienenwachs für Kinder leichter knetbar zu machen, im Wasserbad erhitzen, unter die flüssige Masse etwas Vaselinöl (aus der Apotheke) mischen (im Verhältnis von 500 g Wachs zu 10 cl Öl)
- Schmeichelstein aus Ton formen – „blind" ein Gebilde (= Schmeichelstein) formen, evtl. leise Meditationsmusik als Untermalung anbieten
- Einen Stein blind mit Ton nachformen – Musikuntermalung
- Das eigene Gesicht blind aus Ton formen – Musikuntermalung
- Aus Knetmasse Gegenstände formen – ein anderes Kind soll diese blind nachformen (z. B.: Kugel, Rolle, dünne Platte, ...)
- Gegenstände (Kugel, Nagel, Zapfen, Eichel, Muschel, Schneckenhaus, ...) abdrucken und die Gegenstände blind zuordnen (= positive und negative Form erkennen)

# Marzipanmasse aus eigener Herstellung

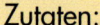

Zutaten:

200 g gemahlene Mandeln, 150 g Honig, 2 EL Rosenwasser (aus der Apotheke), Eiweiß zum Zusammenfügen von einzelnen Stücken

Zubereitung:

Mandeln, Honig und Rosenwasser miteinander vermengen. Aus dem Teig Figuren modellieren. Mit Hilfe von Eiweiß können einzelne Stücke zusammengefügt werden. Gut geeignet als kleine persönliche Geschenke oder als Preise bei Festen. Übriggebliebene Masse im Kühlschrank aufbewahren.

##  Spielgegenstände, die das Greifen intensivieren

### Aufgeblasener Luftballon

- In die Höhe werfen, ohne daß er den Boden berührt
- Mit beiden Händen oder nur mit einer Hand bzw. einem Finger in der Luft halten
- Löffel-Lauf: Ballon auf Löffel tragen
- Zu zweit damit spielen, fangen, werfen, gemeinsam tragen: nur mit einem Finger, mit einer Hand; evtl. dazu Musik anbieten

Spielvariante:

Anstelle von Luftballons aufgeblasene kleine Plastiksäckchen verwenden.

### Reispolster

Aus Baumwollstoff kleine Polsterüberzüge nähen und mit Reis füllen. Sie eignen sich für Tanz-, Wurf- und Fangspiele.

### Wollschnüre und Filzfliesen

Aus unterschiedlichen Wollfäden Bilder legen (Ball, Baum, Schuh, Haus, Buchstaben, ...). Der Spielpartner versucht, mit verbundenen Augen das Bild zu ertasten und zu benennen oder es blind nachzulegen.

Weiterführende Idee:

Aus zuvor geknüpften Wollschnüren ein Motiv legen und festkleben. Es eignet sich als persönliches Geschenk oder zur Raumdekoration.

## Gefüllte Strumpfbälle

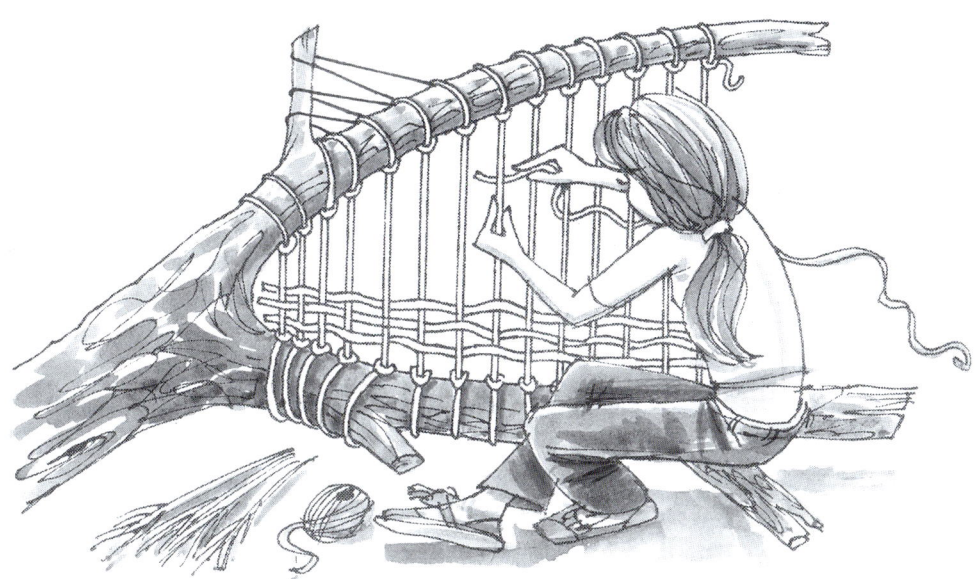

**Material:**

Dünne Strumpfhosen, dünnes Papier,
Schere

Anleitung:

Von alten dünnen Strumpfhosen die Beine abschneiden und mit Papier füllen.
Den Strumpf kurz abbinden, so daß eine Kugel entsteht.

Hinweis:

Besonders für den Bereich der Rhythmik und Gymnastik geeignet.

## Weben mit Naturmaterialien

**Material:**

Ast, Schnur, Gräser, Blätter, Federn,
Ranken, Rinden, Schilf, ...

Anleitung:

Einen geeigneten Ast (Baumgabel) mit der Schnur umschlingen. Beliebiges
Naturmaterial einweben, indem man es abwechselnd über und unter der
gespannten Schnur durchschiebt.
Durch bewußte Unregelmäßigkeiten können interessante Effekte erzielt werden.

## Nagelspiel

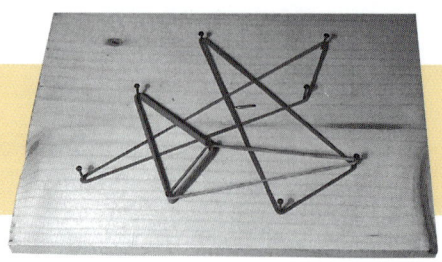

Anleitung:

Nägel in beliebiger Anordnung in eine Weichholzplatte schlagen, dabei die Köpfe etwa 1 cm herausragen lassen. Gummiringe von Nagel zu Nagel spannen, neue Variationen erforschen. Wird ein Wollfaden um die Nägel geschlungen, so kann auch ein konkretes Motiv dargestellt werden.

## Bilder aus Pfeifenreinigern

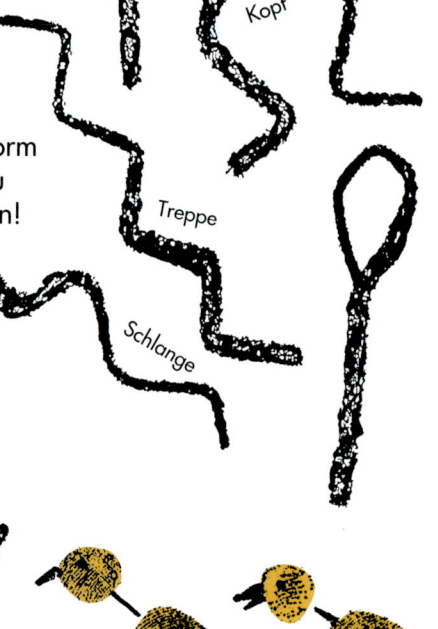

Material:

Pfeifenreiniger, Malfarben, Papier oder Stoff

Anleitung:

Pfeifenreiniger nach Phantasie biegen, evtl. in Farbe tauchen und auf Papier oder Stoff drucken.

Haus

Kopf

Weiterführende Idee:

Ein Spielpartner versucht, die entstandene Form (Schnecke, Schlange, Buchstabe, ...) blind zu kopieren. Abdruck mit „Original" vergleichen!

Treppe

## Fingerabdrücke

Probiere, mit deinen Fingern zu stempeln! Du brauchst Wasserfarben, Papier, Malstifte und Phantasie!

Schlange

112

 **Sensibilisierung der Hände**

## Begrüßungsspiel

Alle bilden einen Kreis und reichen einander die Hände. Einer beginnt und gibt seinem Nachbar einen Händedruck. Dieser gibt ihn seinerseits weiter, bis der Händedruck als Gruß alle erreicht hat.

## Begrüßungstanz

Alle Teilnehmer bewegen sich zu Musik frei im Raum. Bei Musikstopp versucht man, einige Mitspieler zu begrüßen und jedesmal die Begrüßungsform abzuwandeln, z. B. dem anderen auf die Schulter klopfen, sich umarmen, über den Kopf streicheln, leicht am Ohr zupfen, leicht in die Handflächen des anderen klatschen usw.

## Magnetische Hände

Alle Teilnehmer stellen sich paarweise mit Blick zueinander auf und legen die Handflächen aneinander. Sobald die Musik einsetzt, bewegen sich die Paare tänzerisch im Raum, ohne daß die Partner einander verlassen. Welcher Partner ist führungsdominant? Wer läßt sich lieber führen? Nach dem Musikstopp einen neuen Partner suchen.

## Meine Hand – deine Hand

Meditationsmusik. Die eigene linke Hand erfühlt die rechte und umgekehrt (sich streicheln, reiben, abklopfen, Finger kreisen, massieren, ...). Nach dem Eigenerleben die Hand eines anderen nehmen. Derjenige, der nun passiv ist, schließt seine Augen, der Aktive erforscht die Hand des anderen. Evtl. auch etwas in die Handfläche des anderen zeichnen. Nach einiger Zeit Rollen tauschen und am Ende mit dem Partner über das Erlebte sprechen.

## Die vier Grundelemente

Alle Spieler sitzen im Kreis, die Augen sind geschlossen. Der Spielleiter geht mit einem mit Erde gefüllten Gefäß reihum, nimmt jeweils eine Hand eines Spielers und läßt diese die Erde ertasten. In gleicher Weise wird der Vorgang mit allen Teilnehmern auch mit Wasser (die Fingerspitzen in eine Schüssel mit Wasser tauchen), Luft (auf die Hand blasen) und Feuer (Hand vorsichtig über eine brennende Kerze halten) durchgeführt. Dazu evtl. leise Meditationsmusik anbieten.
Im Anschluß daran sollen nun alle Spieler jenes der vier Elemente mit Ölkreiden darstellen, welches sie am meisten angesprochen hat. 6 bis 10 Personen arbeiten immer auf einem gemeinsamen Bogen Packpapier, es entsteht eine Gruppenarbeit.

Weiterführende Idee:

Jeder Mitspieler versucht, eines der 4 Elemente tänzerisch darzustellen.

## Ich spüre deinen Atem

Jeder Mitspieler hat einen Partner, der sich bequem auf einer Decke auf den Bauch legt. Der andere kniet seitlich von ihm und legt seine Hände auf dessen Rücken. Der Knieende soll nun das Atmen mit seinen Händen erspüren. (Beim Einatmen hebt sich der Rücken leicht, beim Ausatmen senkt er sich wieder.) Das Atmen später sacht unterstützen, indem man ganz leicht mit beiden Hand-flächen beim Ausatmen auf den Rücken drückt. Leise Meditationsmusik unter-stützt die Übung. Rollentausch und anschließend Erfahrung austauschen.
Evtl. kann die Übung auch im Sitzen erfolgen, wobei sich der Sitzende nach vorn beugt und der andere hinter ihm steht.

## Strahlende Hände

Einer der Partner liegt auf einer Decke auf dem Rücken, die Augen sind geschlossen. Der andere legt nun seine Hände flach nebeneinander auf dessen Füße, verweilt dort einige Zeit und wandert so über Schienbein, Knie, Ober-schenkel, Bauch, Schultern bis zum Kopf. Der Knieende verabschiedet sich, indem er sanft mit seinen Händen über den Körper zum Boden streift. Dazu leise Meditationsmusik anbieten; Rollen wechseln und Erfahrungen austau-schen.

## Denkmal bauen

Die Teilnehmer bilden Dreiergruppen. Einer spielt den Künstler, einer den Ton, und einer ist das Denkmal. Künstler und Ton schließen die Augen, der dritte formt mit seinem Körper ein Denkmal. Der Künstler tastet nun blind das Denk-mal ab und versucht, aus dem „Ton" eine Kopie anzufertigen. Am Ende das Ergebnis bestaunen und Rollenwechsel durchführen.


### Verweilen                                    Renate Steiner

Verweilen,
um den Blumenduft zu genießen.
Verweilen,
um das Farbenspiel der Natur zu bestaunen.
Verweilen,
um den Stimmen der Natur zu lauschen.
Verweilen,
um die Früchte der Erde zu schmecken.
Verweilen,
um die Welt zu begreifen.
Verweilen,
um behutsam dieses kostbare Geschenk zu bewahren.

## Bevor wir auseinander geh'n

Renate Steiner

Be - vor wir aus - ein - an - der geh´n, laßt uns die Hän - de
rei - chen, um Got - tes Se - gen bit - ten wir, er
1. mö - ge uns be - glei - ten. 2. mö - ge uns be - glei - ten.

## Reaktionsspiele zur Schulung der Motorik (Hände)

### A, B, C

(Klatschspiel)

  1  2  3
A, B, C,

     1     2     3
wir Freunde sind okay.

     0     2     X     2
Ich klatsche nun in deine Hand,

     0       2     X     2
und du klatscht auch in meine Hand.

  1  2  3
A, B, C,

     1     2     3
wir Freunde sind okay.

Renate Steiner

Spielanleitung:

Je zwei Kinder stellen sich gegenüber auf:
1 = Mit beiden Händen auf die Oberschenkel klatschen
2 = In die Hände klatschen
3 = Auf die Handflächen des Partners klatschen
0 = Die rechten Handflächen beider Partner klatschen zusammen
X = Die linken Handflächen beider Partner klatschen zusammen

## Wäscheklammer fangen

Jeder Teilnehmer erhält eine Wäscheklammer, die er sichtbar an seinen Kleidern befestigt. Gleichzeitig versuchen nun alle, Wäscheklammern mit der Hand zu erwischen. Wer hat die meisten?

Spielvariante:

Jeder Teilnehmer hält die Wäscheklammer in der Hand und versucht, sie an den Kleidern eines Mitspielers zu befestigen. Wer schafft es, den Wäscheklammern zu entkommen?

## Halt mich fest

Alle Teilnehmer bewegen sich frei im Raum. Ein Fänger versucht, rasch einen anderen zu fangen. Sobald einer nun bemerkt, daß er verfolgt wird, faßt er die beiden Hände eines anderen Spielers. Gelingt dies, bevor er vom Fänger erwischt wurde, ist er für kurze Zeit erlöst, der Fänger muß sich einen anderen Spieler aussuchen. Wen er fängt, der wird zum neuen Fänger.

Spielvariante:

Alle Teilnehmer bilden Paare, auch die Fänger sind zu zweit. Um nicht gefangen zu werden, muß man zu viert einen Kreis bilden.

## Klipp-klapp

Renate Steiner

(Klatschspiel)

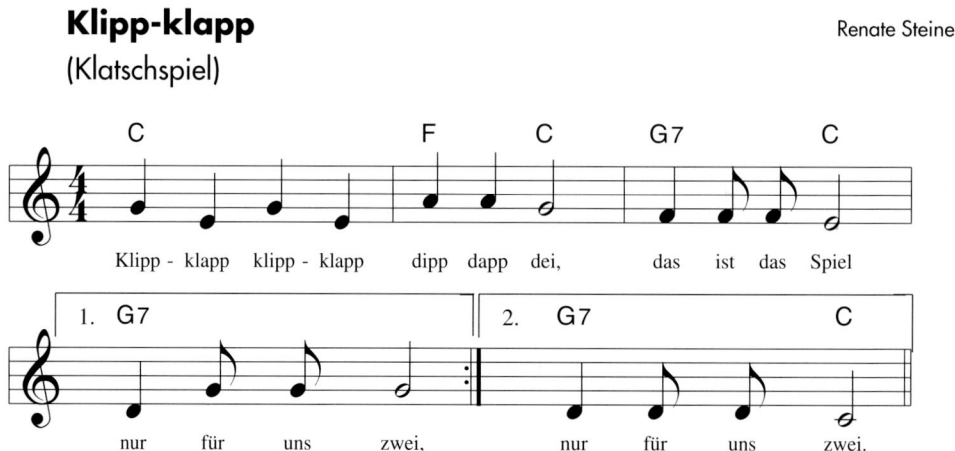

Klipp - klapp klipp - klapp dipp dapp dei, das ist das Spiel
nur für uns zwei, nur für uns zwei.

Spielmöglichkeit:

Paarweise Aufstellung mit Blick zueinander. Abwechselnd klatscht jeweils der eine waagrecht, der andere senkrecht im Takt dazu.

# Wir Kinder, wir sind lustig

Renate Steiner

(Klatschspiel)

Wir Kin-der, wir sind lu-stig, wir freu-en uns so. Wir

sin-gen ger-ne Lie-der und klat-schen da-zu: Schnee-

witt-bal-la, ba-la-ri-na, schnee-witt-bal-la-ro, schnee-

witt-la-la-bal-la-ri-na, hei hopp, hei-ra-so.

Spielanleitung:

Je zwei Kinder stellen sich gegenüber auf:

1 = Mit beiden Handflächen auf die Oberschenkel klatschen
2 = In die Hände klatschen
3 = Auf die Handflächen des Partners klatschen
0 = Rechte Handfläche ausstrecken, mit linker Hand Faust machen und
sozusammenklatschen
X = Linke Handfläche ausstrecken, mit rechter Hand Faust machen und so
zusammenklatschen

 **Tastempfindungen im Rückenbereich wahrnehmen**

## Geisterstunde

Ein Kind schließt die Augen. Es liegt auf dem Bauch oder sitzt nach vorne gebeugt und stützt sich evtl. am Tisch ab. Wenn die Turmuhr zwölf schlägt (Gong), kommt Wirbelix und tanzt (mit den Händen) auf dem Rücken des schlafenden Kindes. Wenn die Turmuhr ein Uhr schlägt, verabschiedet sich Wirbelix zärtlich (Rücken streicheln) und eilt davon. Rollentausch durchführen. Besonders für junge Kinder geeignet!

## Wirbelsäulentanz

Die Partner stehen hintereinander. Der vordere schließt seine Augen, der dahinterstehende senkt langsam den Kopf des Partners und rollt diesen Wirbel für Wirbel nach vorne ab, bis der Kopf leicht baumelt. Der dahinterstehende Partner massiert und streicht nun mit beiden Händen vom Steißbein entlang über die Wirbelsäule bis zu den Haaren den Körper entlang. Anschließend umfaßt er mit beiden Händen den Partner im Beckenbereich und beginnt durch leichtes Hüftdrehen mit seinem Partner zu schwingen. Danach fährt der dahinterstehende wieder mit den Händen vom Kopf Richtung Hals und weiter entlang der Wirbelsäule und richtet den nach vorne gebeugten Partner Wirbel für Wirbel langsam und sachte auf. Danach Rollentausch. Dazu evtl. leise Meditationsmusik anbieten.

## Der verzauberte Bär

Ein Kind kauert am Boden, es spielt den verzauberten Bären. Das andere übernimmt die Rolle der guten Fee. Sie legt nun ihre Hände auf den Körper des Bären; durch Streicheln und Reiben wird der Zauber gelöst, der Bär erwacht aus seinem Schlaf. Dazu evtl. leise Meditationsmusik anbieten, Rollentausch durchführen.
Besonders für junge Kinder geeignet!

Spielvariante:

Ein Samenkorn reift zur Pflanze: Ein Kind stellt das Samenkorn dar, das andere übernimmt mit seinen Händen die Rolle des Wetters und läßt es wachsen.

## Pferd und Wagen

Je zwei Kinder stellen sich hintereinander auf. Das vordere Kind spielt das Pferd, das dahinterstehende hält sich mit den Händen am Rücken fest und schließt die Augen. So bewegen sich nun alle Paare frei im Raum. Anschließend Rollentausch durchführen.

Spielvariante:

Das hintere Kind hat seine Augen geöffnet und führt das Pferd, das nun die Augen geschlossen hat, durch gezielte Berührungen am Rücken.

## Klopfsignal geben

Alle Teilnehmer bilden einen Kreis. Jeder legt seine linke Hand auf den Rücken des linken Nachbarn, die rechte Hand auf den Rücken des rechten Nachbarn. Der Spielleiter beginnt und klopft mit einer Hand seinem rechten Nachbarn auf den Rücken. Dieser gibt das Signal wiederum rasch an seinen rechten Nachbarn weiter. Klopft einer zweimal, muß die Richtung gewechselt werden, das Klopfen auf den Rücken muß nun dem linken Nachbarn übermittelt werden.

Spielvariante:

Das Spiel kann auch im Sitzen gespielt werden, dabei werden die Hände auf den Oberschenkel der Nachbarn gelegt. Versuche, das Spiel auch mit geschlossenen Augen zu spielen!

## Rücken-Zwiegespräch

Die Partner sitzen paarweise Rücken an Rücken auf dem Boden. Sie begrüßen einander mit dem Rücken, lassen verschiedene Bewegungen entstehen, ruhen sich aus und verabschieden sich voneinander.

## Mensch und Roboter

Die Spieler bilden Dreiergruppen. Einer spielt den Techniker, die beiden anderen sind seine Roboter. Sobald der Techniker die Roboter am rechten bzw. linken Schulterblatt berührt, drehen sie sich schnell um 90 Grad nach rechts bzw. nach links und gehen dann gerade aus. Dabei geben die Roboter ein Piepsignal: „Piep, piep!" Die Aufgabe des Technikers besteht darin, eine Kollision mit einem anderen Roboter zu verhindern. Je mehr Dreiergruppen spielen, desto schwieriger wird es. Rollenwechsel durchführen.

## Gehpuppe

Ein Kind verläßt für kurze Zeit den Raum. Ein Spieler, der die Gehpuppe spielt, steht bewegungslos im Raum. Gemeinsam wird ein Punkt am Körper der Puppe vereinbart (z. B. Nasenspitze, rechte Schulter, linkes Knie, ...), durch dessen Berührung die Puppe zu gehen beginnt. Das vor der Tür wartende Kind wird hereingerufen und soll nun diesen Punkt ertasten. Ist es geglückt, werden die Rollen getauscht.

Spielvariante:

Anstelle der Gehpuppe werden verschiedene andere Dinge ausgewählt, bei denen das Drücken des Punktes (Schalter) eine Funktion ausüben: Sprechpuppe, die plaudert; Roboter, der eine Tätigkeit verrichtet; Elektroauto, das fährt; Teddybär, der brummt; Springmaus, die hüpft; usw.

 **Tasterlebnisse mit Füssen**

### Fußabdruck

Barfuß in eine kleine Wanne mit Farbe steigen und Fußsohle auf Papier abdrucken. Evtl. Gesicht daraufmalen. Hat man mehrere Fußabdrücke, kann man damit Theater spielen.

## Ameisen krabbeln

Renate Steiner

(Fußbewegungsspiel)

| | | |
|---|---|---|
| Ameisen krabbeln, | – | Mit Finger eigene Fußsohle kitzeln |
| Zehen, die zappeln, | – | Zehen bewegen |
| Füße, die trappeln, | – | mit beiden Beinen am Boden trappeln |
| plötzlich ganz laut – | | |
| bumm, | – | fest aufstampfen |
| jetzt stehen sie wieder – | – | Beine nicht bewegen |
| alles ist stumm. | | |

## Ohne Hände schreiben

Bleistift zwischen den Zehen einklemmen und malen bzw. schreiben versuchen.

## Wer ist stärker?

Zwei Spieler sitzen einander auf dem Boden gegenüber, Fußsohle an Fußsohle. Wem gelingt es, den anderen wegzudrücken?

## Komm, tanz mit mir!

Die Spieler stellen sich paarweise auf. Einer steigt dem anderen vorsichtig mit den Zehen auf die Füße. Welchem Paar gelingt es, so zu tanzen?

## Schatzkiste

Der Spielleiter legt heimlich einen Gegenstand (Kotbürste, Staubtuch, Spring-schnur, Watte, Schüssel mit Wasser, Mistschaufel, Schuh, ...) in eine mit einem Tuch abgedeckte Kiste. Ein Teilnehmer versucht, mit den Füßen diesen Gegen-stand zu ertasten und zu benennen.

## Barfußparcours

Aus unterschiedlichen Materialien (Sand, Erde, Schotter, Kieselsteine, Holz, Moos, Wasser, Schlamm, ...) wird im Freien ein Weg gestaltet, über den die Teilnehmer barfuß, evtl. auch mit verbundenen Augen, gehen oder geführt werden.

Weiterführende Idee:

Tastwege im Raum legen, dabei z. B. hintereinander mit Kastanien, zerknülltem Zeitungspapier, Plastikfolie, Kieselsteinen, Ästen, Laub, Stoff, Fell, Schaumstoff u. ä. gefüllte Schachteln aufstellen. Nach jedem Spieler können die Schachteln umgereiht werden, der „Blinde" versucht zu erraten, auf welchem Material er gerade steht.

## Fußmassage

Eine Fußmassage kann als Eigenmassage bzw. partnerweise durchführt werden. Füße mit beiden Händen nehmen, leicht drücken, ausstreichen, Zehen kreisen, massieren, daran vorsichtig ziehen, weiter über ganzen Fuß bis hin zur Ferse. Zum Schluß Fuß wieder ruhig halten, erst dann die Hände langsam lösen. Dazu Meditationsmusik anbieten.
Partnerwechsel durchführen. Gelegenheit zum Erfahrungsaustausch bieten.

## Wasserstraße

Mit warmem und kaltem Wasser gefüllte Kübel abwechselnd hintereinander aufstellen (2 Kübel mit warmem, 2 Kübel mit kaltem Wasser) und barfuß von Kübel zu Kübel steigen. Wie wird der Temperaturunterschied wahrgenommen? Verändert er sich?

## Das geheime Versteck

Ein langes Seil oder Tau wird geschwungen auf den Boden gelegt. Ein Spieler, dem bereits zuvor die Augen verbunden wurden, soll sich nun das Seil entlangtasten, bis er am Ende den „Schatz" entdeckt.

Spielvariante:

Der Schatz wird in der Mitte plaziert. Gleichzeitig versuchen nun zwei Spieler, jeweils an einem Ende beginnend, zum Schatz zu gelangen. Wer ist schneller?

 **Die Kunst, mit den Händen zu sehen**

## Wühlen und fühlen

Unter eine Decke werden etliche Gegenstände gelegt, die blind von einem Spieler ertastet und identifiziert werden sollen. Hat das Kind einen Gegenstand benannt, holt es ihn hervor und sieht sogleich, ob es ihn richtig erkannt hat.

Spielvariante für Schulkinder:

Hat das Kind den Gegenstand ertastet, zeichnet es ihn auf. So können mehrere Kinder gleichzeitig spielen. Sieger ist, wer als erster 5 Dinge erkannt und graphisch dargestellt hat.

Hinweis:

Es können mit entsprechendem Material auch gezielt Begriffe wie „groß – klein", „dick – dünn", „rund – eckig", „rauh – glatt" usw. spielerisch gefestigt werden.
Weiters kann man Buchstaben und Ziffern aus Karton ertasten und auf Tafel oder Papier schreiben lassen.

## Tastvorhang – Tastmemory

Von alten, dünnen Strumpfhosen die Beine abschneiden und mit verschiedenen Materialien füllen (z. B. Watte, Stoff, Papier, Wolle, Kastanien, Eicheln, Kork, Muscheln, Knöpfe, Steine, Holzstücke, Bierkapseln, Glaskugeln, ...). Den Strumpf dann mit einem Knoten verschließen. Die verschieden gefüllten Strümpfe können als „Vorhang" an einem Stab festgebunden werden. Mit geschlossenen Augen soll ertastet werden, mit welchem Material die Strümpfe gefüllt sind.

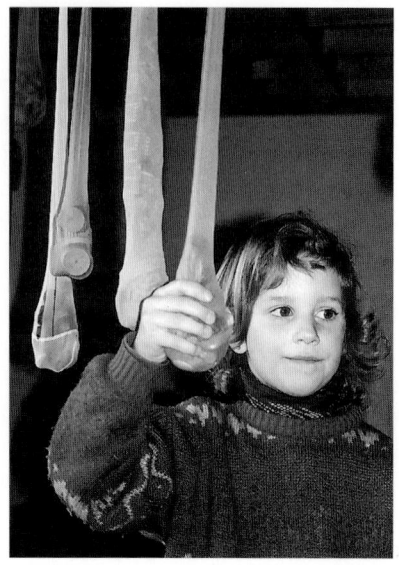

Spielvariante:

Kleinere Tastsäckchen erhält man, indem der Strumpf dementsprechend kurz abgebunden wird. Diese werden in eine Kiste gelegt. Mit geschlossenen Augen soll der Spieler nun das eingefüllte Material eines oder mehrerer Säckchen erkennen. Sind je zwei Säckchen mit gleichem Inhalt vorhanden, kann „Tastmemory" gespielt werden.

## Materialstraße aus Papier (Textilien, Holz, ...)

Eine Materialstraße, z. B. aus Papier, entsteht, indem unterschiedliche Papiere (Seiden-, Krepp-, Bunt-, Geschenks-, Pauspapier, Zeitungen, Kartons, ...) auf zusammengeschobenen Tischen aufgelegt werden. Alle Spieler wandern gleichzeitig mit geschlossenen Augen um die Tische und ertasten die Materialien.

Spielvariante:

Alle Teilnehmer bleiben mit geschlossenen Augen stehen, der Spielleiter gibt ein Papier weiter. Hat es die Runde gemacht, legt er es wieder zu den anderen dazu. Wer errät, welches es war?

## Finde wieder den Weg

Mit verbundenen Augen wird ein Teilnehmer von einem anderen zu einer oder mehreren markanten Stellen geführt. Diese Stellen soll der „Blinde" tastend erkunden, danach wird er wieder zum Ausgangspunkt zurückgeführt (z. B. vom Sessel zur Türe, vom Sandkasten zum Apfelbaum, weiter zum Gartenzaun; ...). Anschließend nimmt der „Blinde" die Augenbinde wieder ab und sucht denselben Weg, den die Hände bereits kennen.

## Tastwürfelspiel

Material:

Karton oder Holzbrett, Malfarben, beliebiges Tastmaterial (z.B. Streichhölzer, Watte, Wolle, Fell, Körner, Draht), Gummi, Klebstoff, Schere, Würfel, Spielsteine

Anleitung:

Das Spielfeld laut Skizze gestalten. Hände auf Papier auflegen, nachfahren, anmalen, ausschneiden und auf das Spielbrett kleben. Mit Punkten die Fahrstrecke aufmalen, einige beliebige Punkte sind jedoch andersfärbig. Am Rand des Spielbrettes werden mit verschiedenen Materialien beklebte Kärtchen (Tastkärtchen) aufgelegt. Jedes Tastkärtchen muß in zweifacher Ausführung hergestellt werden, das zweite wird in eine Schachtel gelegt.
Aus Karton eine „Brille" ausschneiden und Gummi daran festbinden.

Spielanleitung:

Es können bis zu 6 Kinder mitspielen. Jeder Teilnehmer setzt seinen Spielstein auf den Startplatz. Reihum wird gewürfelt und entsprechend gefahren. Wer auf einem andersfarbigen Punkt zu stehen kommt, setzt die „Brille" auf, zieht aus der Kartenbox eine Tastkarte und versucht nun, die gleiche Karte am Spielfeldrand zu ertasten. Gelingt dies, darf der Spieler die Karte behalten und zwei Felder mit dem Spielstein vorrücken. Hat er sich getäuscht, muß er zwei Felder zurückgehen. Sieger ist, wer als erster am Ziel ist oder wer am meisten Karten ertastet hat.

123

## Ich weiß es ganz genau

Alle Teilnehmer bilden einen Kreis. Nun wird ein Gefäß, in dem sich unterschiedliche Steine befinden, herumgereicht. Jeder nimmt einen Stein heraus, ertastet ihn und versucht ihn sich einzuprägen. Danach werden alle Steine wieder eingesammelt. Mit verbundenen Augen wird nun ein Stein nach dem anderen weitergereicht. Jeder Spieler hat die Aufgabe, seinen Stein wiederzufinden. Zur Selbstkontrolle können die Steine vor Spielbeginn numeriert werden.

Spielvariante:

Statt Steinen werden Kartonbuchstaben, Ziffern, Blätter, Früchte, … ertastet.

## U-Boot

Verschiedene Gegenstände in einen mit Wasser gefüllten Behälter legen. Wer kann die Gegenstände auch unter Wasser mit den Händen erkennen?

## Mit Fingern lesen – das Braille-Alphabet

Blinde Menschen können mit Hilfe ihres Tastsinnes lesen lernen. Jeder Buchstabe wird durch Punkte, die in Papier geprägt sind, dargestellt. Dadurch können sie mit den Fingern ertastet und gelesen werden. Auch Bücher werden in dieser Blindenschrift geschrieben.

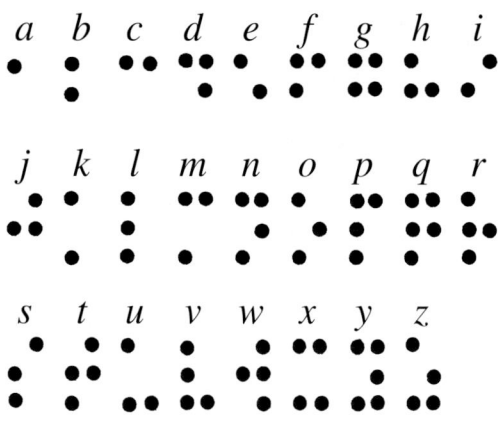

Übertrage einzelne Punktkombinationen mit Hilfe eines Nagels auf Papier oder Bastelfolie. Versuche, ob auch du mit dem Finger lesen kannst!

# Beeinträchtigung der Tastsinnesorgane

Unsere Haut ist eine hochempfindliche „Empfangsstation" für vielerlei Umweltreize. Gefahren, die in unserem täglichen Leben lauern, können unterschiedliche Auswirkungen haben und den Tastsinn beeinträchtigen (z. B. Sonnenbrand, Verbrühungen aller Art, Insektenstiche, Schürf- und Schnittwunden, verschiedene Hautkrankheiten).
Richtige Hautpflege ist wichtig: Aggressive Waschzusätze trocknen die Haut aus; sie kann rissig, schuppig oder spröde werden, man muß also für eine ausreichende Rückfettung der Haut sorgen, damit die Haut geschmeidig bleibt.

# BEWEGEN

Was wäre,
wenn die Erde aufhörte
sich zu drehen?
Wäre dann Tag oder Nacht
oder immerwährender
Sonnenaufgang?

# Das Schattenmännchen

Wenn morgens die Sonne aufging, krähte der große, stolze Hahn auf dem kleinen Bauernhof unweit der Stadt. Er reckte seinen Kopf hoch in den Himmel und zog den Hals dabei furchtbar weit in die Länge.

„Kikeriki – kikeriki", begrüßte er alle Bewohner des Bauernhofes. Insgeheim freute er sich spitzbübisch darüber, sie täglich mit seinem Geschrei aus den Betten zu werfen! Da war selbst der größte Faulpelz gezwungen, wenigstens eine klitzekleine Bewegung zu machen. Und sei es nur, den Kopf unter das Kissen zu stecken. Andere gähnten, während sie sich reckten und streckten und den Schlaf aus den Augen rieben. Und das taten nicht nur die Menschen, sondern auch die Tiere auf dem Bauernhof.

Es dauerte nicht lange, und beim Hahn stellte sich erster Besuch ein. Was war das für ein munteres Geschöpf, das es wagte, schon so früh heranzuschleichen? Es war eine kleine Katze!

„Kikeriki, geh nach Hause und schlaf weiter", wollte der Hahn das Kätzchen gleich wieder verjagen. Er liebte es, andere Tiere herumzukommandieren.

„Miau, miau, das kann ich nicht", erwiderte das Kätzchen, „ich bin auf der Suche nach einem Schattenmännchen!"

„Stör mich nicht", wackelte der Hahn gebieterisch mit seinem Kopf. Sein roter Kamm leuchtete wie eine Krone.

„Was ist das für ein blödes Spiel, Schattenmännchen zu suchen?" ärgerte sich der Hahn. War das ein Versteckenspiel oder was? Leichtfüßig schlich das Kätzchen an den Zaunpfahl heran, auf dem der stolze Hahn saß.

„Miau, miau, das ist kein Spiel", erklärte das Kätzchen, während es seine Krallen am Holzpfahl schärfte. „Ich muß ein Schattenmännchen fangen und mit nach Hause nehmen, damit ich bei der großen Mäusejagd mitmachen darf", ereiferte es sich. „Die großen Katzen meinen nämlich, ich sei noch zu langsam dafür! Ich müßte erst lernen, mich schneller zu bewegen. Schattenmännchen sollen sogar schneller als die Mäuse sein!"

„Dummkopf", krähte der Hahn, schüttelte seinen Kopf, reckte den Hals in den Morgenhimmel und schrie: „Kikeriki, kikeriki!"

Währenddessen drehte sich die Erde weiter, die Morgensonne blinzelte über den Horizont und warf ihre ersten Strahlen über das Land.

Plötzlich sah der kleine Jäger sein erstes Schattenmännchen. Das tanzte auf dem Boden vor dem Misthaufen und bewegte sich im gleichen Rhythmus wie der Hahn auf dem Holzpfahl. Federleicht setzte das Kätzchen zum Sprung an. Nun würde es beweisen, wie schnell es springen konnte!

„Kikeriki, was machst du denn da?" krähte der Hahn aufgebläht. „Versuchst du, meinen Schatten zu fangen? Das ist doch kein Schattenmännchen, du Tolpatsch!"

Das Kätzchen hörte gar nicht hin. Es wollte ja ein großer Jäger werden. Also sprang es wie ein Blitz direkt auf das Schattenmännchen zu, das vor dem Misthaufen herumtollte und tanzte.

Platsch – landete es zu seinem Schrecken mitten in einer Jauchepfütze und war von oben bis unten bekleckert. Uuuuh – es sah aus wie ein begossener Pudel!

„Gack-gack-gack – stinkender Mistsack", verspotteten die herumstehenden Hühner das voreilige Kätzchen.

„Habt ihr das gesehen?" krähte der Hahn schadenfroh, während er von einem Bein auf das andere hüpfte und dabei fast vom Zaunpfahl fiel. Seine Schadenfreude hätte ihn doch beinahe aus dem Gleichgewicht gebracht!

Dem Kätzchen tropfte die Jauche aus dem Fell. Verschämt stahl es sich auf die nahe Wiese davon. Dort putzte es sich erst einmal und schüttelte sich, um halbwegs sauber zu werden. Ganz niedergeschlagen fühlte es sich. Hätte es doch auf den Hahn gehört und nicht auf die größeren Katzen! Die hatten ihm nämlich versichert, daß es Schattenmännchen wirklich gibt! So eine Schande!

Eine Zeitlang blieb das Kätzchen ganz ruhig liegen. Wie konnte es sich nur aus der Klemme ziehen? Sicherlich würden bald alle Katzen weit und breit von seinem Mißgeschick erfahren. Immer mehr verfiel es ins Grübeln, bis es durch ein Rascheln aufgeschreckt wurde. Vor ihm huschte etwas durch das Gras. Sofort war das Kätzchen auf den Beinen, sprang hinterher und querfeldein über die Wiese. Aber es fand nichts – außer einem leeren Mauseloch!

Während das Kätzchen verschnaufte, fühlte es sich irgendwie erleichtert. Der Kummer war wie weggeblasen! Die Bewegung hatte ihm sichtlich gut getan!

Und frohgemut sprang es wieder durch die Wiese, legte sich ins Gras, lauerte vor einem Mauseloch, kletterte auf Bäume, stieg vorsichtig zum Bach hinunter, um das glucksende Wasser zu beobachten. Hätte es Flügel, würde es sogar fliegen, so sehr machte es ihm Spaß, sich nach dem Schrecken in aller Früh nun auszutoben. Gab es eine bessere Vorbereitung auf die große Mäusejagd? Da würde es mit dabei sein, ohne zu fragen, das hatte es inzwischen gelernt!

Und das mit dem Schattenmännchen – ach, das würde bald vergessen sein, und dann krähte kein Hahn mehr danach!

# Der Gleichgewichtssinn

Er wird auch als Schwere-, Raum- oder statischer Sinn bezeichnet und ist der eigentliche sechste Sinn des Menschen, den die Wissenschaft erst als letzten entdeckt hat. Durch ihn haben wir die Fähigkeit, das Gleichgewicht zu halten und schnell wiederzugewinnen bzw. auch die Fortbewegung in einer bestimmten Richtung zur Schwerkraft beizubehalten.

Im **Innenohr** liegen die **Schnecke** und die **drei Bogengänge**, die das **Gleichgewichtsorgan (Vestibularapparat)** bilden. In diesen Bogengängen befinden sich Tausende von Sinneszellen, die an ihrer Oberfläche winzig kleine Härchen tragen.

Die Bogengänge sind mit einer gallertartigen Flüssigkeit gefüllt. Wenn du deinen Kopf bewegst, verlagert sich diese Flüssigkeit und drückt die Härchen und die auf den Sinneshärchen liegenden Kalkkristalle zur Seite. Jede Lageveränderung wird dem Gehirn zugeleitet. Empfangen werden diese Signale im Kleinhirn.

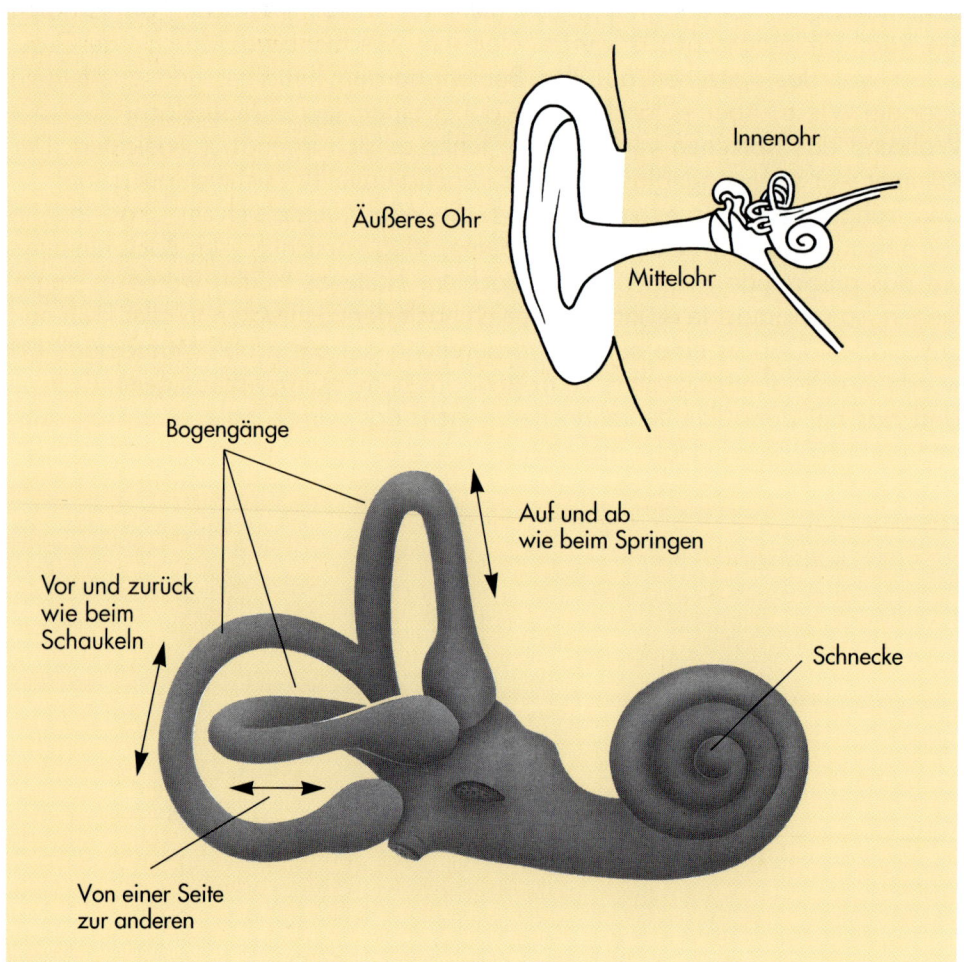

Äußeres Ohr

Innenohr

Mittelohr

Bogengänge

Auf und ab
wie beim Springen

Vor und zurück
wie beim
Schaukeln

Schnecke

Von einer Seite
zur anderen

# Das Ungeborene kann rhythmische Bewegungen genießen

Ab dem zweiten Schwangerschaftsdrittel fühlt sich das Ungeborene wohl, wenn sich seine Mama rhythmisch bewegt, schwimmt oder Gymnastik betreibt.
Auch du hast es wahrgenommen, nur kannst du dich nicht mehr bewußt daran erinnern. Das Kind nimmt im Mutterleib bestimmte Körperhaltungen ein und lernt, diese selbständig zu verändern.
Das Gleichgewichtszentrum gehört zu den Gehirnteilen, die beim Ungeborenen am frühesten entwickelt sind.

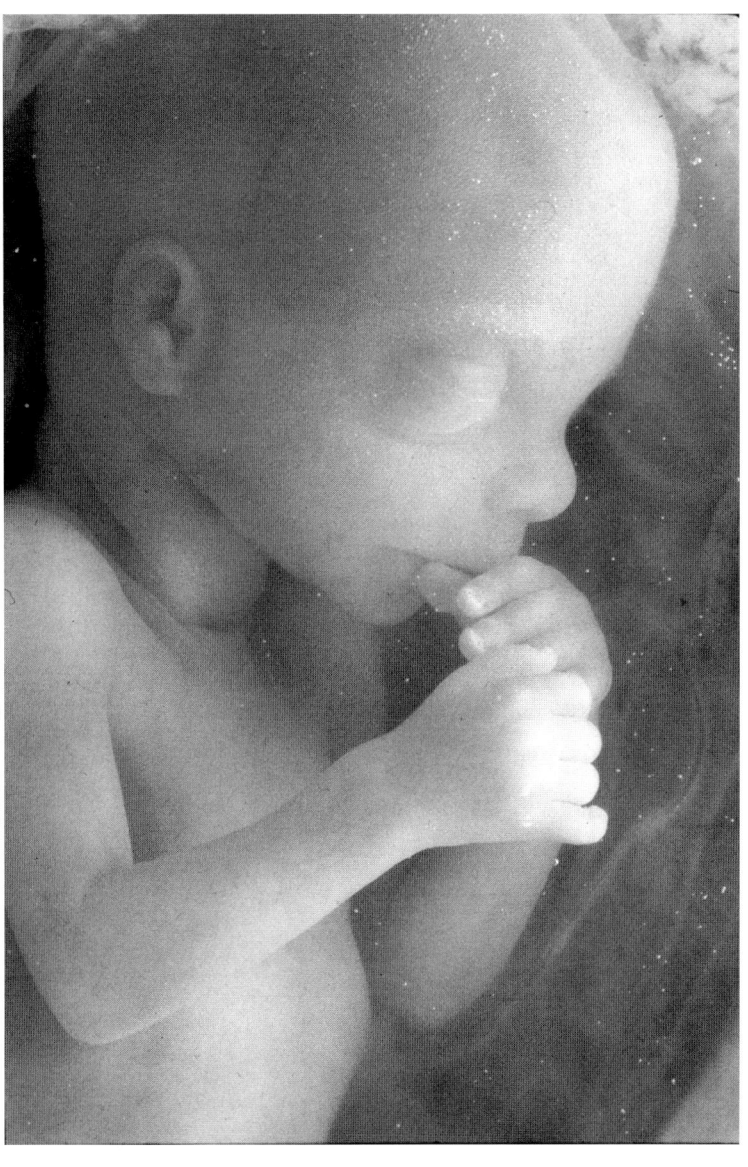

# Erlebnisfeld Bewegen

## Vom Säugling zum Kleinkind

Schon das Neugeborene hat den Drang, sich zu bewegen – es strampelt. Bewegung ist für die Gesamtentwicklung des Kindes notwendig und trägt zu seiner körperlichen und geistigen Gesundheit, Vitalität und seinem Wohlbefinden bei.

Das rhytmische Bewegungsspiel mit dem Baby vertieft die Zuwendung – es kann beruhigend für ein weinendes Kind sein, wenn es aufgenommen und geschaukelt wird. Es hat Spaß an vielseitigen Bewegungserfahrungen, durch die es weitere Entwicklungsfortschritte macht.

Dem natürlichen Bewegungsdrang des Kindes sollte in vielseitiger Weise gerecht werden, ohne daß das Kind dabei überfordert wird.

## Erste Spielimpulse zur Förderung der Sinnesbildung

 ### Zärtliches Wiegen und Schaukeln

### Schlafe, mein Kind

Renate Steiner

2. Schon kommt die Nacht, schon kommt die Nacht dunkel an.
   Nur die Sterne leuchten weit voran.

**Babygymnastik**

## Rückenlage

- Vorsichtiges Beugen und Strecken der Beine und Arme
- Die gebeugten Beine links und rechts legen
- Arme kreuzen, Hände zusammenklatschen
- Langsam bis zum Sitzen hochziehen und zurückrollen

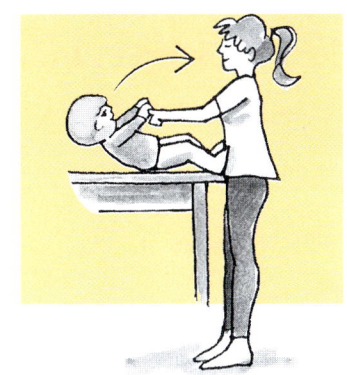

## Bauchlage

- Hochheben des Kindes – „Vogelspiel"

### Wie der Vogel

Auf und nieder,
so segelt mein Kind,
wie eine Schwalbe
im Wind!
Hui-hui-hui!

Renate Steiner

- An den Füßen vorsichtig hochziehen und mit dem Kopf nach unten halten
- Baby im Liegen und Sitzen seitlich nach Spielsachen greifen lassen

 **Babymassage**

Eine sanfte Massage fördert das Wohlbefinden und die Ausgeglichenheit des Kindes. Sie kann aktivierend oder beruhigend wirken und als Voll- oder Teilmassage ausgeführt werden. Genaue Anleitungen finden sich in der inzwischen reichhaltigen Literatur zum Thema.

### Entdeckungsreise

(Kribbel-Krabbelspiel, Bewegungen mit Hand dazupassend ausführen)

Wenn die beiden Finger
auf Entdeckungsreise geh'n,
bleiben sie ganz plötzlich
auf deiner Nasenspitze steh'n.
Und sie tippeln und sie tappeln,
und sie kribbeln und sie krabbeln – 1, 2, 3, alles ist vorbei – im Nu.

Renate Steiner

Beliebig oft mit anderen Körperteilen
(Stirn, Lippen, Schulter, Knie, Ferse, Bauch, ...) wiederholen.

# Bewegungsspiele,
# die den Gleichgewichtssinn fördern

 ## Kniereiter

Das Kind sitzt auf dem Schoß und führt die Bewegungen zum Text passend aus.

### Mein Pferdchen

Mein Pferdchen steht,
mein Pferdchen geht,
hü-hopp,
jetzt läuft es im Galopp!
Brrrr,
mein Pferdchen geht,
mein Pferdchen steht.

### Der Schaukelstuhl

Komm, setz dich auf den Schaukelstuhl
und halte dich gut an,
nicht lange bleibt er ruhig steh'n,
schon zeigt er, was er kann:
Auf und nieder, immer wieder,
noch ein Stück, vor und zurück –
schaukelst du mit?

Renate Steiner

 ## Flieger

Das Kind wird an Händen und Füßen gehalten und durch Herumdrehen oder Schaukeln zum Schwingen gebracht.

### Flieg mit!

Steige ein und setz dich nieder,
doch schnalle dich gut an!
Schon steigt das Flugzeug höher
und fliegt, so hoch es kann!
Sssssss, nun schwirrt es durch die Lüfte
hinweg über alle Klüfte.

Renate Steiner

 ## Tänze

### Wir steh'n auf einem Bein

Renate Steiner

(Kanon, Bewegungen zum Text passend ausführen)

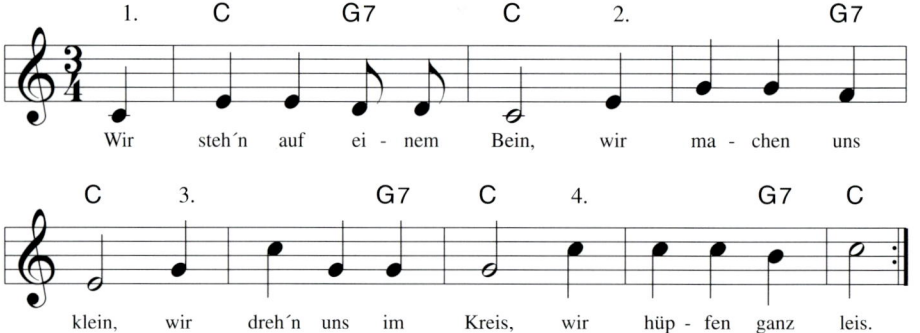

Wir steh'n auf ei - nem Bein, wir ma - chen uns klein, wir dreh'n uns im Kreis, wir hüp - fen ganz leis.

## Alles im Körper hat seinen Sinn

(Bewegungsspiel)

2. Die Augen, die Nase, der Mund und auch das Kinn, ...
3. Die Augen, die Nase, der Mund, der Hals, und auch das Kinn, ...
4. Die Augen, die Nase, der Mund, der Hals, die Schultern und auch das Kinn, ...
5. Die Augen, die Nase, der Mund, der Hals, die Schultern, der Bauch und auch das Kinn, ...
   usw.

Spielmöglichkeit:

Der Spielleiter singt und zeigt auf die genannten Körperteile. Die Wiederholung singen alle gemeinsam. Dazu können folgende Bewegungen ausgeführt werden:

im Körper = mit Händen zeigen
      hei = klatschen
     di-dl = rechte, linke Hand auf Oberschenkel patschen
      dei = klatschen
  la-ba-lu = abwechselnd 3x aufstampfen

Renate Steiner

## Ich bin eine Marionette

Refrain: Ich bin eine Marionette, man nennt mich die schöne Annette!
2. Schau mal hier hin und mal da hin,  3. Bücken, strecken, alles recken,
eins, zwei, drei, hei didl dei.          eins, zwei, drei, hei didl dei.

Anleitung:

Ein Kind ahmt eine Marionette nach und stellt passende Bewegungen dar.

## Herr Besenstiel, Frau Staubwedel

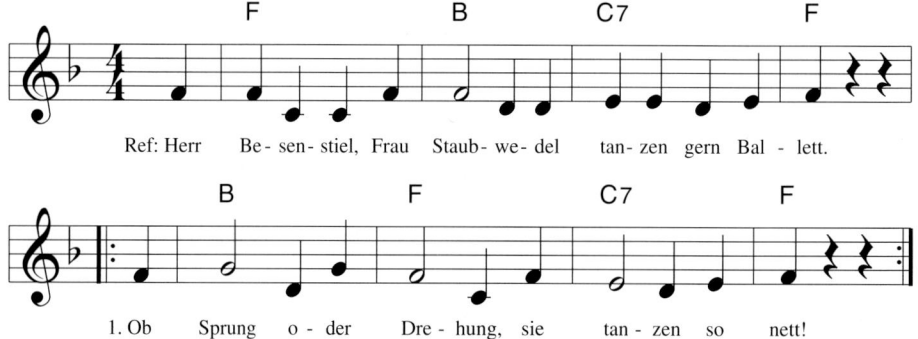

Refrain: Herr Besenstiel, Frau Staubwedel tanzen gern Ballett.

2. Ob schnell oder langsam, sie tanzen so nett!
3. Ob plump oder zierlich, sie tanzen so nett!
4. Ob Twist oder Polka, sie tanzen so nett!

Renate Steiner

Weiterführende Idee:

Die Kinder verkleiden sich oder halten einen Besen bzw. Staubwedel.

## Der kleine Clown

Alle Teilnehmer bilden einen Kreis. Ein Kind steht in der Mitte, es spielt den Clown. Nach der Melodie von „Hänschen klein" singen alle gemeinsam:

„Großer Clown, kleiner Clown,
lustig ist er anzuschau'n.
Wie er hüpft, wie er lacht –
das wird nachgemacht!"

Der Clown bewegt sich zum Lied passend im Kreis. Wenn das Lied beendet ist, macht der Clown lustige Grimassen und Bewegungen, die alle anderen sofort nachmachen müssen. Danach darf ein anderer den Clown spielen.

##  Kriechen und krabbeln

- Auf Boden, Matte, Wiese, Langbank, Kastenoberteil usw. vor- und zurück-kriechen
- Um Sessel, Tisch, Ball, Reifen, Baum usw. herumkriechen oder -rutschen
- Sich unter Tisch, Sessel, Langbank, Partner hindurchbewegen
- Über Ball, liegendes Kind, Stofftier, Tuch, ... drüberkriechen
- Zwischen Langbänken, Leitersprossen, Sesselbeinen, den Beinen des Vaters usw. hindurchkriechen
- Auf schräggestellten Langbänken, Rutsche oder Mattenberg hinauf- und hin-unterkriechen oder -rutschen
- Auf einem Schwebebalken (Langbank oder Leiter auf zwei Kästen bzw. Tische auflegen) entlangkriechen

Hinweis:

Die Kinder können gleichzeitig auch Bälle, Keulen, Luftballone u. ä. tragen oder rollen. Außerdem können die Übungen in Gerätebahnen eingebaut oder als Wett- und Staffelspiele abgewandelt werden.

## Rollen und wälzen

- Auf einer Wiese oder Matte, im Schnee, im Sand, im Bett, ... seitlich rollen
- Zu zweit wälzen (sich bei gestreckten Armen an den Händen festhalten)
- Paarweise umeinanderwälzen (mit den Armen verschlungen festhalten)
- Über nebeneinander am Bauch liegende Personen rollen
- Purzelbaum (auf schräger Ebene oder von einer Bank auf die Matte)
- Hechtrolle (Anlauf nehmen, Absprung, Rolle, zum Stand kommen)
- Purzelbaum oder Rolle rückwärts
- Um eine Stange rollen, zwischen den Armen eines Erwachsenen rollen

 ## Geschicklichkeits- und Gleichgewichtsübungen

- Auf einem Bein stehen (dabei Augen schließen)
- Auf einem Bein hüpfen (rechts und links – Tempelhüpfen)
- Abruptes Stoppen eines Bewegungsablaufes und „erstarren" (laufen – Pfiff – anhalten)
- Flossenwettlauf (mit Schwimmflossen)
- Mattenrennen (sich auf eine Matte oder einen Zeitungsbogen stellen, eine zweite davor legen und beidbeinig daraufsteigen und sich so fortbewegen)
- Stelzenlauf (auf Becher- und Holmstelzen vorwärts oder seitlich gehen, sich drehen)
- Auf einer Wippe (Holzbrett und Baumstamm) zu zweit schaukeln oder darübergehen
- Balancieren auf Baumstamm, Langbank, Medizinball, Dosen
- Rollerfahren, Radfahren
- Rollschuh- oder Eislaufen
- Schilaufen
- Schwimmen
- Reiten

## Schwingen und klettern

- Auf Leitern, Kletterbaum oder Netzwand klettern
- Auf ein Seil klettern und schwingen
- An Ringen festhalten und drehen und schwingen
- Auf zwei Sessel aufstützen und schwingen
- An die Reckstange hängen und schaukeln
- Kletterwand besteigen, im Freien klettern

**Gemeinschaftsspiele**

### Rücken an Rücken

Die Teilnehmer teilen sich in zwei gleich große Gruppen. Die Spieler stellen sich jeweils nebeneinander Arm in Arm auf. Beide Gruppen stehen Rücken an Rücken und versuchen nun, einander zurückzudrängen. Welche Gruppe hat die andere schneller zurückgedrängt?

### Immer im Kreis herum

6 bis 8 Teilnehmer bilden einen Kreis und stehen dicht nebeneinander. Ein Spieler befindet sich im Kreisinneren, er ist steif und blind. Langsam läßt sich der „Steife" zur Seite fallen, die übrigen Spieler fangen ihn mit ihren Händen ab und richten ihn wieder auf, doch leider kippt er wieder zur Seite.

### Bewegungsbaustelle

Alle Teilnehmer werden in zwei gleich große Gruppen geteilt. Die einen bilden mit ihren Körpern Hindernisse im Raum, die anderen müssen den Raum abgehen und versuchen, alle Hindernisse zu überwinden. Dabei geben die Hindernisse Anweisungen, z. B. oben drübersteigen, unten durchklettern usw. Danach werden die Rollen getauscht.

### Schoßsitzkreis

Alle Teilnehmer bilden einen Kreis und stellen sich dicht hintereinander auf. Auf „Achtung – fertig – los!" setzen sich alle vorsichtig auf die Oberschenkel des dahinterstehenden Spielers.

### Wie im siebten Himmel

8 bis 10 Teilnehmer stellen sich um einen Spieler, der auf dem Rücken liegt und die Augen geschlossen hat. Gleichzeitig heben nun alle Teilnehmer den Liegenden vorsichtig in die Höhe, tragen ihn hin und her und bewegen ihn wellenartig auf und nieder. Zur Untermalung leise Meditationsmusik spielen.

Spielvariante:

4 bis 6 Teilnehmer knien nebeneinander auf dem Boden und stützen sich mit den Händen ab. Gemeinsam bilden sie ein Bett, auf das sich ein anderer Spieler legen darf. Das Bett bewegt sich sanft hin und her und auf und ab.

## Schwindelgefühl

Sich schwindelig fühlen, das heißt das Gefühl haben, daß sich der Boden unter den Füßen bewegt, tritt meist als Nebenerscheinung von Krankheiten auf (Bluthochdruck, zu niederer Blutdruck, Blutarmut, Fieber, Alkoholisierung).

# Jetzt kommt noch...

# das Register

# Register

## Spiele

## Bastelanregungen und Gestaltungsimpulse

# Lieder und Tänze

# Gedichte und Fingerspiele

# Rezepte

# Wer sind die Autoren?

**Renate Steiner,** geboren 20. 2. 1957
in Wien

Volksschule, Mittelschule, Bundesbildungsanstalt für Kinder-
gärtnerinnen in Wien/Ettenreichgasse
1975 Befähigungsprüfung für Kindergärtnerin und Horterzieherin
1975 – 1978 Leiterin des Caritas-Kindergartens Wien/Embelgasse
1978 Verehelichung mit Ing. Franz Steiner
Ab 1978 Leitung des Gemeindekindergartens
Irrsdorf/Straßwalchen, Salzburg
ab 1985 Texte und Ideen zu Kinderbuchmanuskripten, Liedern,
Gedichten, Bastelideen, Märchen, Erzählungen usw.,
Bilderbuchentwürfe
ab 1987 Veröffentlichung von Kinderbüchern im VERITAS-VERLAG
gemeinsam mit ihrem Mann Franz Steiner

**Franz Steiner,** geboren 12. 12. 1953
in Altenmarkt im Pongau

Ausbildung als Flugtechniker, Privatpilot, Kunststoffingenieur
Seit dem 15. Lebensjahr Texte, Erzählungen, Kompositionen
Gitarre-Autodidakt
1983 Erstveröffentlichung der Erzählung „Alleinflug" im ORF-Landesstudio
Salzburg
1984 Kassettenproduktion sowie Erstveröffentlichung von Liedern mit
Mundarttexten
ab 1985 Texte und Ideen zu Kinderbuchmanuskripten, Liedern, Gedichten,
Bastelideen, Märchen, Erzählungen usw., Bilderbuchentwürfe
ab 1987 Veröffentlichung von Kinderbüchern im VERITAS-VERLAG gemeinsam
mit seiner Frau Renate Steiner

Könnte man
das Lachen
in ein Paket
stecken,
wir würden
es euch
zusenden!

Das war's

Viel Spaß beim nächsten Mal!
Eure **Maria Victoria** und **Stefanie**

# Mit Freude
## leichter lernen!

## Mit Freude durchs Jahr ...

... Fingerspiele, Lieder, Marionettentheater, Klanggeschichten – und noch viele andere neue Ideen. Aktuelle Themen wie Umweltverschmutzung, Ängste, Traurigkeit ... werden auf spielerische Weise behandelt.

Dostal, Brigitte
**Die ganze Welt im Kindergarten**
Neue Lieder, Spiele, Gedichte und Geschichten
60 Seiten, 17 x 24 cm
Spiralbindung, sw-Grafiken
ISBN 3-7058-5344-9
CD: ISBN 3-7058-5363-5

## Lassen Sie sich verführen ...

... zu Tanz und Bewegung mit Clown Bambini und Ritter Wobu-Dobu-Klirre-Klax. Zu jedem Lied gibt es eine Fülle an neuen Ideen und Ausarbeitungsmöglichkeiten: Bastelanleitungen, Fingerspiele ...

Steiner, Franz und Renate
**Wobu-Dobu-Klirre-Klax**
Lieder, Tänze, Spiele
Ein Arbeitsbuch für Kindergarten, Schule und Eltern
ab 3 Jahren
96 Seiten, 17 x 24 cm, brosch., sw-Grafiken
ISBN 3-7058-0824-9
MC: ISBN 3-7058-0858-3
CD: ISBN 3-7058-0851-6

## Die Kinder verzaubern ...

... durch Gedichte, Sprachspielereien, Tänze und Lieder. Erste physikalische Zusammenhänge werden ganz nebenbei begreifbar gemacht.

Steiner, Franz und Renate
**Zauberträume – Purzelbäume**
Ein fantastisches Sammelsurium
104 Seiten, brosch., Grafiken
ISBN 3-7058-5227-2
MC: ISBN 3-7058-5270-1
CD: ISBN 3-7058-5259-0

## Interessante ...

... Sachinformationen, Spiele, Lieder, Witze, Rätsel, Basteltipps, Kochrezepte ... finden Sie in diesem Buch. Eine Bildgeschichte erzählt vom lebensfrohen Fantasietier Irgendwas.

Steiner, Franz und Renate
**Bunte Tierwelt**
Kinder begegnen Tieren
144 Seiten, 17 x 24 cm
brosch., sw-Grafiken
ISBN 3-7058-5438-0

---

### Diese praktischen Bücher können Sie gleich jetzt bestellen:

Rufen Sie einfach an, schicken Sie ein Fax oder ein E-Mail!
Tel. 0043/(0)732/77 64 51/280, Fax: 0043/(0)732/77 64 51/239
E-Mail: veritas@veritas.co.at
Besuchen Sie uns auf unserer neuen Homepage www.veritas.at!

## VERITAS